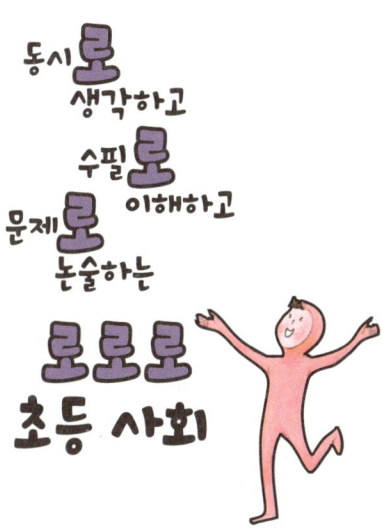

동시로 생각하고
수필로 이해하고
문제로 논술하는
로로로 초등 사회

동시로 생각하고
수필로 이해하고
문제로 논술하는

로로로 초등 사회 5학년

추천 김호(경인교육대학교 사회과교육과 교수)
글 윤병무 | 그림 이철형

국수

단원 개요

사회 교과서의 단원별 열쇠 말을 의문형 문장으로 짧게 써 놓았어요. 독자의 궁금증을 이끌어 내기 위함이에요. 자발적 배움은 궁금함에서 시작되니까요.

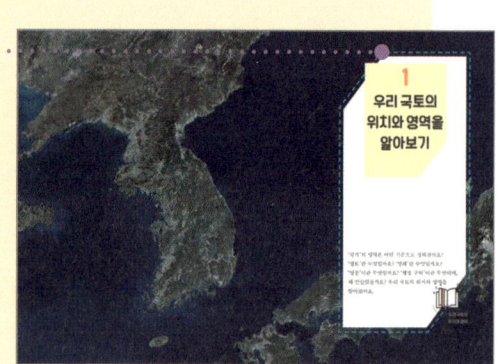

사회 동시

동시로 사회를 배워요. 이야기가 있는 사회 동시를 읽으면서 단원의 핵심 개념을 느끼고 생각하면서 자연스레 배울 수 있어요. 이야기의 힘이에요. 동시와 어울린 그림 또한 마음에 스미게 해 주어요.

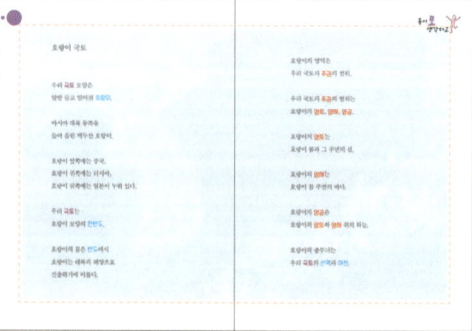

이 책의 구성

사회 수필

사회 지식을 수필로 풀어냈어요. 논설문이 아니라 저자가 공부하고 생각해서 쓴 사회 수필이에요. 그럼에도 독자는 읽어 내야 이해할 수 있어요. 이 책의 수필은 지식이 쌓이고 마음이 살지는 글이에요.

논술 문제

정답을 요구하는 문제가 아니에요. 독자의 자유로운 생각을 이끌어 내는 서술형 문제예요. 자신의 생각을 분명하게 써 보는 게 중요해요. 생각은 글로 나타낼 때 깊어지고 넓어져요.

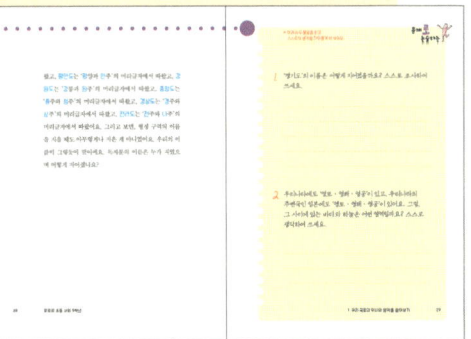

추천의 말

김호
경인교육대학교 사회과교육과 교수

'사회' 교과목에 대해 학생들과 학부모들이 착각하곤 한다. '사회'는 '암기 과목'이라고 여기는 것이다. 그래서 '사회'는 지루한 과목이 되곤 한다. 하지만 '사회'는 이해해야 하는 교과목이다. 우리 조상들은 소식을 전하려면 사람을 시켜 편지를 보내야 했다. 멀리 이동하려면 말이나 달구지나 배를 이용해야 했다. 한집에는 삼대가 함께 모여 살았다. 왜 그랬을까? 그 까닭을 알아야 오늘날의 통신 수단, 교통수단, 가족의 형태를 옛날과 비교하여 잘 이해할 수 있다. 이렇듯, 단원별 교과 내용에 따른 갖가지 '까닭'을 잘 이해하면 '사회'를 잘 학습할 수 있다. 그리고 각각의 까닭에는 그럴 만한 조건과 상황이 있다. 그 조건과 상황들을 적절히 상상하여 풀면 '이야기'가 될 터이다.

그래서 나는 '로로로 초등 사회' 시리즈를 주목한다. 이 시리즈는 '초등 사회'의 단원별 핵심 내용을 '이야기'로 풀었다. 이야기가 있는 '동시'와 '수필'로 풀어냈다. '동시'로는 단원별 핵심 내용을 그때그때 바뀌는 화자(話者)를 통하여 가락에 실어 이야기하고, '수필'로는 교과 내용을 마주 앉아 말하듯이 조곤조곤 이야기한다. 동시와 수필은 '문학'이다. 문학은 가장 자유로운 글이다. 그래서 문학은 딱딱하지 않고, 메마르지 않다. 잔바람에도 하늘거리는 꽃잎처럼 생동감 있다. 그렇게, 자유로운 문학으로 '초등 사회'를 흥미롭게 가르치는 이 시리즈는 독자의 눈길을 끈다. 독자를 생각하게 한다. 생각하지 않으면 까닭에 접근할 수 없고, 까닭에 접근할 수 없으면 내용을 이해할 수 없다. 초등 사회 교과 전체를 동시와 수필로 풀어 쓴 이야기에 귀를 열고 생각하게 하는 '로로로 초등 사회' 시리즈는 마침내 독자에게 자발적 배움의 의욕을 일으킬 것이다. 오늘날 초등 교육의 목표기 '학생들 스스로 하도록 만듦'인 만큼 이 시리즈는 우리 초등 교육의 길을 앞서간다. 안목 있는 학부모들과 좋은 교육을 궁리하는 선생님들께 기꺼이 추천한다.

추천의 말 • 8

머리말 마음에 스미는 '초등 사회' • 15

① **우리 국토의 위치와 영역을 알아보기** • 19
우리 국토의 위치와 영역

② **우리 국토의 '지형'과 '기후'를 알아보기** • 31
우리 국토의 자연환경

③ **우리나라의 '산업·도시·인구·교통'을 알아보기** • 45
우리 국토의 인문 환경

차례

④ '인권'의 기본 권리를 알아보기 • 57
인권을 존중하는 삶

⑤ '도덕'과 '법'의 공통점과 차이점을 알아보기 • 69
법의 의미와 역할

⑥ 국민의 '권리'와 '의무'를 알아보기 • 79
헌법과 인권 보장

⑦ **우리 민족이 초기에 세운 나라들을 알아보기 • 91**
나라의 등장과 발전

⑧ **'고려'의 탄생과 생존, 문화유산을 알아보기 • 101**
독창적 문화를 발전시킨 고려

⑨ **우리 역사의 마지막 왕조, '조선'을 알아보기 • 115**
민족 문화를 지켜 나간 조선

⑩ '조선 후기'의 정치와 사회를 알아보기 • 129
새로운 사회를 향한 움직임

⑪ '일제 강점기'의 우리 역사를 알아보기 • 143
일제의 침략과 광복을 위한 노력

⑫ 남북으로 분단된 우리 현대사를 알아보기 • 155
대한민국 정부의 수립과 6·25 전쟁

찾아보기 • 164

머리말
마음에 스미는 '초등 사회'

과학·수학·국어 시리즈에 이어 '로로로 초등 사회'를 내놓습니다. 이로써, '로로로 초등 시리즈'는 20권이 되었습니다. 흔히 '국수사과'라고 일컫는 네 과목 교과서 옆에 이 시리즈를 나란히 두고, 짬짬이 교과서와 함께 읽기를 권합니다. 이 시리즈는 교과서의 단원별 차례를 따른 '대안 교과서'이기 때문입니다. 교과서로는 '지식'을 배우고, 이 시리즈로는 그 '지식'을 느끼고 생각하여 깨지기를 바랍니다. 어떻게 지식을 느낄 수 있을까요? 가락이 있는 음악, 모양이 있는 미술, 이야기가 있는 문학으로는 지식도 느낄 수 있습니다. '앎'은 감각을 통과할 때 더 분명해집니다. 그래서 어린이 독자가 문학과 미술을 통하여 지식을 느낄 수 있게끔 궁리하여 쓰고 그렸습니다. '느낌'은 자연스레 '생각'으로 이어지고, '생각'은 마침내 '이해'에 닿

습니다. 이 시리즈는 지식을 무턱대고 외우게 하기보다 동시와 수필로 느끼게 하고 생각하게 합니다. 생각은 나무처럼 스스로 지식을 자라게 합니다.

'초등 사회' 교과는 문화·경제·정치·지리 분야의 공동생활과 그 환경에 대한 기초적 이해를 교육의 기본 목표로 삼고 있습니다. 따라서, '로로로 초등 사회' 시리즈는 교과의 핵심 지식은 물론이고, 그 지식과 관련한 정직한 인성과 문화인의 가치관이 독자의 마음에 스미도록 집필했습니다. 남들을 생각하지 않는 사회는 각박하고, 남들을 생각하지 않는 사람은 마음이 병들기 때문입니다. 학생이 '우리'를 생각할 수 있을 때 '세시 풍속'에 대한 지식도 잘 깨칠 수 있습니다. 학생이 '사람들의 관계'를 생각할 수 있을 때 여러 형태의 가족에 대해 제대로 이해할 수 있습니다. 학생이 사회의 구성원들을 생각할 수 있을 때 법과 질서에 대하여 분명히 이해할 수 있습니다. 그래서 '사회' 교과는 머리만으로는 이해할 수 없습니다. 남들을 생각하는 정직한 마음이 있어야 '사회'라는 공동생활의 본바탕과 역사와 현실을 알아차릴 수 있습니다. 그리고 그 마음에는 좋은 친구가 있습니다. 그 마음은 좋은 친구에게 영향을 받습니다. 그 친구는 좋은 음악이고 미술이고 문학이기도 합니다. '로로로 초등 사회' 시리즈는 그중 문학과 미술로 '사회' 교과를 정성껏 쓰고 그렸습니다. 어린이 독자의 좋은 친구가 되길 바랍니다.

'로로로 초등 시리즈'가 완결되기까지 긴 시간 동행하신 이철형·박윤희 화가께 고마운 마음을 전합니다. 책마다 세련되게 디자인하신 기경란·조혁준 님께 감사의 말을 전합니다. 꼼꼼히 읽고 오류를 바로잡아 주신 조경희 편집자님도 고맙습니다. 덕분에 저는 계획한 대로 나아갈 수 있었습니다. 제 집필의 걸음은 제 유년기의 아쉬움이 떠밀어 주었습니다. 저는 제가 소년이었을 때 보고 싶었을 책을 썼습니다. 오늘의 어린이 독자가 가만히 턱을 괴고 읽는 모습을 상상해 봅니다. 그 독자가 어른이 되어도 즐거이 공부하며 생활하긴 바랍니다.

2020년 한가을에
저자 윤병무

1
우리 국토의 위치와 영역을 알아보기

'국가'의 영역은 어떤 기준으로 정해질까요?
'영토'란 무엇일까요? '영해'란 무엇일까요?
'영공'이란 무엇일까요? '행정 구역'이란 무엇이며,
왜 만들었을까요? 우리 국토의 위치와 영역을
알아보아요.

우리 국토의
위치와 영역

호랑이 국토

우리 국토 모양은
앞발 들고 일어선 호랑이.

아시아 대륙 동쪽을
들어 올린 백두산 호랑이.

호랑이 앞쪽에는 중국,
호랑이 위쪽에는 러시아,
호랑이 뒤쪽에는 일본이 누워 있다.

우리 국토는
호랑이 모양의 한반도.

호랑이의 몸은 반도여서
호랑이는 대륙과 해양으로
진출하기에 이롭다.

호랑이의 영역은
우리 국토의 주권의 범위.

우리 국토의 주권의 범위는
호랑이의 영토, 영해, 영공.

호랑이의 영토는
호랑이 몸과 그 주변의 섬.

호랑이의 영해는
호랑이 몸 주변의 바다.

호랑이의 영공은
호랑이의 영토와 영해 위의 하늘.

호랑이의 줄무늬는
우리 국토의 산맥과 하천.

우리 국토는 어디에 있을까요? 물론, 우리 국토는 지구에 있어요. 그럼, 지구의 어디에 우리 국토가 있을까요? 우리 국토는 지구의 육대주(아시아·오세아니아·아프리카·유럽·남아메리카·북아메리카) 중에서 아시아의 동북쪽에 자리 잡고 있어요. 그런 우리 국토를 '한반도'라고도 불러요. 우리 민족은 한민족이고, 대대로 한민족이 자리 잡은 땅이 반도여서 한반도라고 불러요. 그러므로 우리 국토의 지형은 '반도'예요. 반도(半島)는 한자어예요. 절반 반(半), 섬 도(島)예요. 말 그대로, '절반의 섬'이라는 뜻인 반도는 '동서남북 중에서 세 방향이 바다로 둘러싸이고 한 방향은 육지에 이어진 땅'이에요. 그런 만큼 '반도'는 '대륙에서 바다 쪽으로 좁다랗게 돌출한 육지'여서 대륙과 해양으로 진출하기에 유리해요. 우리 국토에서 대륙과 바다로 진출하면 먼저 만나는 세 나라가 있어요. 우리 국토의 위쪽과 왼쪽에는 중국이 있고, 그 위쪽에는 러시아가 있고, 오른쪽에는 일본이 있어요.

그럼, 국가의 영역은 어디에서 어디까지일까요? 국가의 영역은 국가의 주권이 영향을 끼치는 범위까지예요. 주권(主權)은 한자어예요. 주인 주(主), 권세 권(權)이에요. '권세'는 '권력'과 '세력'을 아울러 이르는 말이에요. 그러므로, 주권은 '한 국가가 주인으로서 나라 안팎에 영향력을 끼치는 권세'를 뜻하는 말이에요. 다시 말하면, 주권은 '다른 국가의 간섭 없이 나랏일을 스스로 결정하는 권리'를 뜻해요. 그러니 한 국가의 영역은 그 국가의 주권이 행사되는 공간이에요. 즉, 한 국가의 주권이 영향을 미치는 '영토·영해·영공'이 그 영역이에요. 그중 영토는 '한 국가의 주권이 영향을 끼치는 땅'을 뜻하는 말이에요. 한자로는 다스릴 영(領), 땅 토(土)여서 한자로 읽

으면 말뜻을 이해하기 쉬워요. 우리 민족의 영토는 '한반도와 한반도에 속한 여러 섬'이에요. 영해는 '한 국가의 주권이 영향을 끼치는 바다'를 뜻하는 말이에요. 한자로는 다스릴 영(領), 바다 해(海)이어서 마찬가지로 한자로 읽으면 말뜻을 이해하기 쉬워요. 다만, 영해는 영토를 기준 삼아요. 즉, 영해는 영토에서 바다로 약 22km 떨어진 범위까지예요. 그러니, 영공은 '한 국가의 영토와 영해 위의 하늘'을 뜻하는 말이에요. 한자로는 다스릴 영(領), 빌 공(空)이에요. 하늘은 텅 비어 있으니, 이 말뜻도 한자로 읽으면 이해하기 쉬워요. 그럼, 왜 국가의 영역을 굳이 '영토·영해·영공'으로 나누어 구분할까요? 그것은 국가의 주권을 지키기 위해서예요. 한 국가의 영역을 다른 국가에서 함부로 침범해서 피해를 일으킬 수 있으니까요. 그래서 다른 국가에서 한 국가의 영토뿐만 아니라, 배나 비행기로 영해나 영공을 넘어가려면 반드시 그 나라의 허가를 받아야 해요.

1 우리 국토의 위치와 영역을 알아보기

국가의 영역은 국가의 바깥 경계만 구분해 놓은 게 아니에요. 어느 나라이든 나라 안에도 지역들을 크게 나누어 구분해 두어요. 우리도 마찬가지예요. 우리 민족은 오래전부터 자연환경을 기준 삼아 국토를 구분했어요. 즉, 우리는 국토를 산·강·호수·바다의 '자연환경'을 기준으로 구역을 나누었어요. 이 전통 방식으로 구분한 우리 국토의 구역은 여덟 곳이에요. 그 구역들을 한반도의 맨 위쪽에서부터 나열하면, '관북 지방·관서 지방·해서 지방·관동 지방·경기 지방·호서 지방·영남 지방·호남 지방'이에요. 아주 오래전부터 구분 지어 놓은 이 여덟 구역은 조선 시대에는 그 이름들을 각각 바꾸어 행정 구역으로 삼았어요. 행정 구역은 '나랏일을 효율적으로 관리하려고 구분한 일정한 구역'을 뜻해요. 그 각각의 이름들을 한반도 맨 위쪽에서부터 나열하면, '함경도·평안도·황해도·강원도·경기도·충청도·경상도·전라도', 이렇게 여덟 구역이에요. 그래서 우리 국토를 일컬어 흔히 '팔도강산'(八道江山)이라고 부르곤 해요.

　옛날의 이 행정 구역은 오늘날에도 이어져 오고 있어요. 다만, 오늘날의 행정 구역은 조선 시대보다 국토를 좀 더 세분화하였어요. 오늘날은 옛날보다 인구도 훨씬 많이 늘었고, 나랏일을 실행하고 관리할 일도 무척 다양해졌기 때문이에요. 그래서 오늘날 우리의 행정 구역은 북한을 제외하면, 특별시 1곳(서울특별시), 특별자치시 1곳(세종특별자치시), 광역시 6곳(인천광역시·대전광역시·대구광역시·울산광역시·부산광역시·광주광역시), 도 8곳(강원도·경기도·충청북도·충청남도·경상북도·경상남도·전라북도·전라남도), 특별자치도 1곳(제주특별자치도)으로 이루어져 있어요. 그래서, '특별시·특별자치시·광역시'에는 각각 시청이 있고, '도·특별자치도'에는 각각 도청이 있어요.

　우리 국토의 각 도의 이름은 어떻게 지었을까요? 그 이름은 대개는 옛날에 번성했던 지역의 이름에서 따왔어요. 이를테면, 함경도는 '함흥과 경성'의 머리글자에서 따왔고, **평안도**는 '**평**양과 **안**주'의 머리글자에서 따왔고, **강원도**는 '**강**릉과 **원**주'의 머리글자에서 따왔고, **충청도**는 '**충**주와 **청**주'의 머리글자에서 따왔고, **경상도**는 '**경**주와 **상**주'의 머리글자에서 따왔고, **전라도**는 '**전**주와 **나**주'의 머리글자에서 따왔어요. 그러고 보면, 행정 구역의 이름을 지을 때도 아무렇게나 지은 게 아니었어요. 우리의 이름이 그렇듯이 말이에요. 독자분의 이름은 누가 지었으며 어떻게 지어졌나요?

• 아래의 두 물음을 읽고
  스스로의 생각을 자유롭게 써 보아요.

1. '경기도'의 이름은 어떻게 지어졌을까요?
   스스로 조사하여 쓰세요.

2. 우리나라에도 '영토·영해·영공'이 있고, 우리나라의 주변국인 일본에도 '영토·영해·영공'이 있어요. 그럼, 그 사이에 있는 바다와 하늘은 어떤 영역일까요? 스스로 생각하여 쓰세요.

2 우리 국토의 '지형'과 '기후'를 알아보기

'지형'이란 무엇일까요?
우리 국토의 지형들의 특징은 무엇일까요?
'기후'란 무엇일까요?
우리 국토의 기후의 특징은 무엇일까요?
우리 국토의 '강수'의 특징과
'자연재해'에 대해서도 알아보아요.

우리 국토의
자연환경

한반도의 자기소개

안녕! 얘들아.
나는 **한반도**야.
너희의 생활 터전, **한반도**.
너희가 살아왔고 살아갈 곳이니
나를 알고 싶지 않니?

먼저, 내 몸부터 소개할게.
사람들은 내 몸을 **지형**이라고 해.
내 몸 모양이 '땅 모양'이기 때문이지.

내 **지형**에는 다섯 가지가 있어.
산지, **평야**, **하천**, **해안**, **섬**이 그것이야.

산지는 높은 산이 모인 땅이야.
내 몸에는 **산지**가 많아.
산지는 내 몸의 7할이나 차지하거든.

그중 높은 산은 내 몸의 북쪽과 동쪽에 있어.

평야는 넓고 평평한 땅이야.
평야는 농사짓기 좋은 땅이어서
사람들이 모여 사는 곳이야.
내 몸에서 평야는 대개는 서쪽에 있어.

하천은 땅 위를 흐르는 크고 작은 물줄기야.
높은 데서 낮은 데로 흐르는 빗물과 지하수야.
내 몸은 동쪽이 높고 서쪽이 낮아서
내 몸의 하천도 보통 동쪽에서 서쪽으로 흘러.

해안은 바다와 맞닿은 육지야.
내 몸의 동해안은 모래사장이 많아.
내 몸의 서해안은 갯벌이 많아.
해안에서 사람들은 관광하고 해수욕하고,
해안 주민들은 해산물과 소금을 채취해.
또 해안은 바다로 오가기 편해서
해안엔 항구 도시도 많고, 공업 도시도 있어.

섬은 바다로 둘러싸인 땅이야.
내 몸에는 섬이 3,300여 개나 있어.
그 섬들은 동해보다 남해와 서해에 많아.

이런 내게는 지형만 있는 게 아니야.
기후와 기온과 강수량도 있어.
다만, 이 세 가지는 내 몸이 아니라
나를 둘러싼 자연이 지어 입혀 준 옷이야.

기후는 오랜 기간 한 지역에 나타난
평균적인 대기 상태야.
자연이 내게 입힌 기후의 옷은 계절이야.
그래서 나는 봄, 여름, 가을, 겨울마다
계절의 옷을 갈아입어.

여름은 덥고 비가 많이 오고
남동쪽에서 습한 바람이 불어와.
겨울은 춥고 눈이 내리고
북서쪽에서 건조한 바람이 불어와.

봄과 가을은 온화하지만
여름과 겨울보다 기간이 짧아.

기온은 대기의 온도야.
그래서 기온은 기후의 친구야.
기온이 내게 입혀 주는 옷은 등온선이야.
겨울에 내가 입은 등온선 옷은
북쪽으로 갈수록 짙은 파란색이고,
여름에 내가 입은 등온선 옷은
남쪽으로 갈수록 짙은 주황색이야.

강수량은 어느 기간, 어느 지역에 내린
비와 눈과 우박의 양이야.
강수량은 내 몸의 위치에 따라 차이가 커.
대체로 내 몸의 남부 지방은 강수량이 많고,
내 몸의 북부 지방은 강수량이 적어.
특히 내 몸의 강수량은 여름에 많아.
그래서 나는 여름에 샤워를 자주 해.

　자연환경은 '사람들이 생활하는 지역의 땅과 물과 대기 상태'예요. 그래서 사람들이 살아가는 곳은 평야도 있고, 산과 숲도 있고, 섬도 있고, 사막도 있어요. 그리고 그 주변에는 바다나 호수나 하천이나 오아시스 등이 있고, 대기가 바람 따라 흐르고 있어요('대기'는 '공기'와 같은 말이에요). 우리 국토에는 높거나 낮은 땅, 바다 위에 솟은 섬, 크고 작은 하천과 호수가 있어요. 이런 자연환경을 '지형'이라고 해요. 한자로 땅 지(地), 모양 형(形)인 지형(地形)은 말 그대로, '땅의 생김새'를 뜻하는 말이에요. 그래서 우리 국토에는 '산지·평야·하천·해안·섬' 등의 지형이 있어요. 그중 산지는 '높은 산들이 모여 이룬 지형'이에요. 따라서, 산지는 땅의 높이가 높은 곳과 낮은 곳의 차이가 커요. 평야는 '넓고 평평한 땅'이에요. 근처에 하천이 흐르는 평야는 농사짓기에 좋아서 옛날부터 사람들이 많이 모여 살아요. 하천은 '빗물과 지하수가 모여 낮은 데로 흐르면서 생긴 크고 작은 물줄기'예요. 하천은 민물이어서 옛날부터 사람들이 식수와 생활용수로 사용해요. 해안은 '바다와 맞닿은 육지'예요. 우리나라 해안에는 갯벌과 모래사장이 많아요. 섬은 '바다로 둘러싸인 땅'이에요. 우리나라에는 크고 작은 섬이 약 3,300여 개나 있어요.

그중 우리 국토에는 산지가 많아요. 우리 국토의 약 70%가 산지예요. 우리 국토의 높고 큰 산은 대부분 북쪽과 동쪽에 많아요. 반면에, 평야는 서쪽에 많아요. 그리고 우리 국토의 하천은 대체로 동쪽에서 서쪽으로 흘러요. 물은 높은 곳에서 낮은 곳으로 흐르기 때문이에요. 또, 하천 주변의 평야는 물을 가져다 쓰기가 편해서 옛날부터 논농사를 많이 짓고 사람들이 많이 모여 살아서

큰 도시가 발달했어요. 우리 국토의 해안은 아름다운 곳이 많아서 사람들이 즐겨 찾아요. 그중 동해안은 길게 펼쳐진 모래사장이 많아 여름이면 해수욕을 즐기는 관광객이 모여들어요. 반면에, 서해안은 경사가 완만하여 밀물과 썰물의 차이가 크고 갯벌이 발달했어요. 그래서 사람들은 갯벌에서 해산물이나 소금을 채취하고, 갯벌을 흙으로 메꿔 농경지나 공업용지로 사용해요. 이처럼 '바다나 호수 일부를 둑으로 막고, 그 자리를 흙으로 메꿔 육지로 만드는 일'을 간척이라고 해요. 남해안은 섬이 많고 파도가 잔잔하여 김·조개류 등의 양식업이 발달했어요. 또한, 해안 지역은 배를 이용하여 다른 곳으로 이동하기 편리하여 항구 도시나 공업 도시가 발달했어요.

자연환경에는 지형만 있는 게 아니에요. 대기가 만들어 낸 '기후'도 있어요. 기후는 '오랜 기간 한 지역에 나타난 평균적인 대기 상태'를 뜻하는 말이에요. 기후는 국가나 넓은 지역에 큰 영향을 끼쳐서 사람들의 생활에 많은 영향을 주어요. 그리고 기후는 지구에서의 위치에 따라 달라요. 우리 국토의 위치는 지구의 '중위도'에 있어요. 그래서 우리나라는 사계절이 뚜렷해요. 우리나라는 여름에는 덥고, 남동쪽에서 습한 바람이 불어오고, 비가 많이 와요. 반면에, 겨울에는 춥고, 북서쪽에서 차갑고 건조한 바람이 불어오고, 눈이 내려요. 또, 봄과 가을은 온화하며, 여름과 겨울보다 기간이 짧아요.

기후는 '기온'으로 나타나요. 기온은 '대기의 온도'예요. 우리 국토는 여름에는 기온이 높고 겨울에는 기온이 낮지만, 같은 계절이어도 지역에 따라 기온에 차이가 나요. 지형의 영향 때문이에요. 우리 국토의 지형은 세로로 길게 뻗어 있어서 위도가 높은 북쪽이 위도가 낮은 남쪽보다 기온이 낮아요. 또, 차가운 북서풍을 막아 주는 태백산맥과 수심이 깊은 동해의 영향으로 동해안의 겨울 기온은 서해안보다 높은 편이에요. 이처럼, 지역의 자연환경에 따라 차이 나는 지역별 평균 기온은 한반도의

'등온선'을 보면 확인할 수 있어요. 등온선(等溫線)은 한자어예요. 무리 등(等), 따뜻할 온(溫), 줄 선(線)이에요. 즉, 등온선은 '같은 기온의 지역을 연결한 선'이에요. 그래서 등온선의 모양은 '등고선'처럼 생겼어요.

기후는 '강수량'으로도 나타나요. 강수량(降水量)도 한자어예요. 내릴 강(降), 물 수(水), 헤아릴 량[양](量)이에요. 그래서 강수량은 '(하늘에서) 내리는 물의 양'이에요. 강수량의 뜻이 '일정 기간, 일정한 지역에 내린 비·눈·우박·안개·이슬의 양'이니 그 한자와 뜻이 통해요. 그런데 우리나라의 연평균 강수량은 1,300mm여서 세계 평균인 800mm보다 많은 편이에요. 하지만 우리나라의 강수량은 지역에 따라, 계절에 따라 차이가 커요. 남쪽이 북쪽보다 강수량이 많고, 여름에는 장마와 태풍의 영향으로 비가 많이 내려서 연평균 강수량의 절반 이상이 여름에 집중되어요. 이렇게 우리나라는 계절에 따라 강수량의 차이 커서 가뭄에 대비하려고 곳곳에 댐과 저수지를 만들어 놨어요.

　자연환경의 영향으로 '자연재해'도 발생하곤 해요. 자연재해는 '태풍·홍수·가뭄·지진·해일·산사태·황사·무더위·한파·폭우·폭설 등의 피할 수 없는 자연 현상 때문에 피해가 생기는 일'이에요. 오늘날 과학 기술이 발전했어도 자연재해를 막을 수는 없어요. 특히, 지진은 갑자기 발생하는 자연재해여서 예측이 거의 불가능해요. 하지만 지진도, 다른 자연재해도 미리 준비하거나 적절히 대피하면 그 피해를 줄일 수는 있어요. 방송에서 자연재해가 예보되면 침착하게 준비하여 그 피해를 최소화할 수 있도록 대비하는 거예요. 아는 것이 힘이에요.

• 아래의 두 물음을 읽고
  스스로의 생각을 자유롭게 써 보아요.

1. '날씨'와 '기후'의 공통점과 차이점은 무엇일까요?
   스스로 생각하여 쓰세요.

2. 우리나라 겨울 기온은 대체로 동해안이 서해안보다 높아요. 태백산맥이 차가운 북서풍을 막아 주기 때문이기도 하고, 동해의 수심이 깊이 때문이기도 해요. 바다의 수심과 그 지역의 기온은 어떤 영향을 주고받을까요? 스스로 생각하여 쓰세요.

3 우리나라의 '산업·도시·인구·교통'을 알아보기

우리나라의 '인문 환경'은 어떤 모습일까요?
우리나라의 인구는 왜 '도시'에 집중되었을까요?
우리나라의 '교통망'은 어떻게 발달했을까요?
우리나라의 '산업·도시·인구·교통'을
알아보아요.

우리 국토의
인문 환경

반세기 동안 우리나라는

굴렀어요, 굴렀어요.
바퀴가 굴렀어요.
우리나라의 바퀴들이
반세기 동안 굴렀어요.

굴렀어요, 굴렀어요.
산업의 바퀴가 굴렀어요.
산업의 바퀴가 구르자
도시의 바퀴도 굴렀어요.

굴렀어요, 굴렀어요.
도시의 바퀴가 구르자
인구의 바퀴도 굴렀어요.
인구의 바퀴가 **도시**로 굴러갔어요.

굴렀어요, 굴렀어요.

인구의 바퀴가 **도시**로 굴러가자
교통의 바퀴도 굴렀어요.
교통의 바퀴가 **도시**와 **도시**를 오갔어요.

굴렀어요, 굴렀어요.
교통의 바퀴가 **도시**와 **도시**를 오가자
산업의 바퀴가 더 빠르게 굴렀어요.

커졌어요, 커졌어요.
산업의 바퀴가 커졌어요.
산업의 바퀴가 커지자
도시의 바퀴도 커졌어요.

커졌어요, 커졌어요.
도시의 바퀴가 커지자
도시 인구의 바퀴도 커졌어요.

커졌어요, 커졌어요.
도시 인구의 바퀴가 커지자
교통의 바퀴도 커졌어요.

빨라졌어요, 빨라졌어요.
교통의 바퀴가 커지자
인구와 **산업**의 두 바퀴가 빨라졌어요.

작아졌어요, 작아졌어요.
인구의 바퀴가 **도시**로 굴러가자
촌락의 바퀴가 작아졌어요.

늘었어요, 늘었어요.
많은 **청장년 인구**가 노인이 되자
우리나라의 **노인 인구**가 늘었어요.

동시로 생각하고

줄었어요, 줄었어요.
많은 **청장년 부부**가 출산을 줄이자
우리나라의 **출생아 수**가 줄었어요.

반세기 동안 우리나라는
산업, **도시**, **인구**, **교통**은 커졌지만
노인은 늘어나고, **어린이**는 줄었어요.

　독자분의 부모님께서 태어나셨을 즈음에 우리나라는 어떤 모습이었을까요? 그때나 지금이나 우리나라의 자연환경에는 큰 차이가 없어요. 하지만, 약 반세기 전부터 오늘날까지 우리나라의 '인문 환경'은 옛날과는 사뭇 달라요. 인문 환경은 '자연환경을 이용하여 사람들이 공들여 만든 환경'을 뜻하는 말이에요. 지난 반세기 동안 우리나라의 인문 환경을 이룬 활동은 '산업'이에요. 산업은 '농업·공업·수산업·임업·광업 등의 생산을 목적으로 하는 일'을 뜻하는 말이지만, 더 넓게는 '상업·금융업·서비스업' 등도 포함해요. 생산 활동을 잘하려면 상품 판매도 해야 하고, 은행에서 생산 자금도 빌려야 하고, 소비자에게 서비스도 해야 하니까요. 그중 지난 반세기 동안 우리나라의 인문 환경을 이룬 산업은 '공업'이에요. 공업은 '어떤 원료를 사람이나 기계의 힘을 이용하여 인간 생활에 쓸모 있는 물건을 생산하는 산업'을 일컫는 말이에요. 그래서 곡식·과일·생선 등의 자연환경에서 얻은 것을 제외한 우리 생활의 모든 물건은 공업 생산물이에요.

그러한 공업은 어느 나라든 촌락보다 도시에서 이루어져요. 그래서 우리나라도 약 반세기 전부터 공업이 발달하자, 지역마다 도시가 점점 커졌어요. 규모 있는 공업은 공장에서 이루어지니 큰 도시를 중심으로 공장들이 많이 지어졌기 때문이에요. 도시마다 공장들이 생겨나니 공장들에서 일할 사람들이 많이 필요했어요. 그래서 도시에서 생활하던 사람들은 물론이고, 촌락에서 살던 사람들이 도시로 와서 공장에서 일했어요. 우리나라에서 가장 큰 도시는 서울이기에 많은 사람이 일자리가 많은 서울로 이사했어요. 우리나라 공업의 발전은 서울뿐만

아니라 전국의 도시에서 이루어졌어요. 인천·부산·대구·울산·대전·광주·포항·여수·구미·아산·동해 등등의 도시가 그곳이에요.

　이렇듯 우리나라의 산업이 발전하고, 도시들이 커지자, 도시 인구도 빠르게 늘어났어요. 도시에 일자리가 많아졌기 때문이에요. 우리나라에 도시 인구가 늘어나자 도시는 더욱 커졌어요. 특히 서울에는 인구가 넘쳐났어요. 그러자 서울 근방의 지역들이 도시로 바뀌었어요. 서울에는 집이 부족해졌기 때문이에요. 그래서 사람들은 서울 근방에 개발된 신도시에서 출퇴근하며 서울을 오갔어요. 그러려면 새로운 교통망이 필요했어요. 그래서 많은 철도를 새로 만들고, 많은 도로를 새로 확장했어요. 이렇게, 우리나라 산업의 발전은 교통의 발달도 일으켰어요. 전국적인 교통의 발달은 인구 이동뿐만 아니라 산업 물자를 빠르고 원활하게 수송하는 역할도 했어요. 그러니, 우리나라의 인문 환경은 마치 톱니바퀴처럼 '산업 -

도시 - 인구 - 교통'이 맞물려 돌아가며 이룬 모양이에요.

그런데, 그동안에 우리나라 '인구 구성'의 변화도 생겨났어요. 인구 구성은 '성별, 또는 나이를 기준 삼은 인구 집단의 구성 상태'를 뜻하는 말이에요. 지난 반세기 동안 우리나라의 '인구 구성'은 해마다 14세 이하인 유소년층은 줄어들고, 65세 이상인 노년층은 늘어나고 있어요. 그 사이 아이를 적게 낳는 가정이 늘면서 출생아 수가 점점 줄었기 때문이에요. 출생아 수가 줄어드니 15~65세인 청장년층 인구도 점차 줄었어요. 따라서, 우리나라 전체 인구에서 노년층이 차지하는 비율은 계속해서 늘어나고 있어요. 우리나라의 인구 구성을 '인구 피라미드'로 그리면 아직은 육각형(⬢) 모양이에요. 하지만, 앞으로 반세기가 지나면 우리나라의 '인구 피라미드'는 어떤 모양일까요? 만약에 역삼각형(▼) 모양이 된다면 어떻게 될까요?

• 아래의 두 물음을 읽고
  스스로의 생각을 자유롭게 써 보아요.

1. 우리나라의 '인구 피라미드'가 어떤 모양이어야 가장 바람직할까요? 스스로 생각하여 그 모양을 그리고, 그렇게 생각한 까닭도 쓰세요.

2. 우리나라는 전체 인구의 절반 이상이 '수도권'에 집중되어 있어요. 그래서 지역들이 균형 있게 발전되지 못했어요. 이 문제를 해결하려면 어떻게 해야 할까요? 스스로 생각하여 쓰세요.

4 '인권'의 기본 권리를 알아보기

'권리'란 무엇일까요? '인권'이란 무엇일까요?
'인권'이 지켜지려면 기본적으로
어떤 권리들이 보장되어야 할까요?
왜 '사회적 약자'의 인권을
우선 배려하고 보호해야 할까요?
'인권'에 대하여 알아보아요.

인권을 존중하는 삶

어린이의 권리

있어요, 있어요.
어린이에게 있어요.
세계 어린이에게 마땅히 누릴 권리가 있어요.

있어요, 있어요.
유엔(UN)에 있어요.
어린이의 인권을 보호하자는 약속이 있어요.

세계 어린이와 청소년의 인권을 위하여
세계 여러 나라가 모여 만든
유엔 아동 권리 협약이 있어요.

있어요, 있어요.
어린이에게 있어요.
세계 어린이에게 생존의 권리가 있어요.

모든 어린이의 **생존 권리**는
적절한 생활 수준에서 자라는 것,
균형 있게 영양을 섭취하는 것,
안전한 주거지에서 생활하는 것,
기본적인 보건 서비스를 받는 것이에요.
그래야 어린이가 **생존**할 수 있어요.

있어요, 있어요.
어린이에게 있어요.
세계 어린이에게 **보호의 권리**가 있어요.

모든 어린이의 **보호 권리**는
학대받지 않고 방임되지 않는 것,
심한 일을 하지 않는 것,
부당한 처벌을 받지 않는 것이에요.
그래야 어린이가 **보호**받을 수 있어요.

있어요, 있어요.
어린이에게 있어요.
세계 어린이에게 발달의 권리가 있어요.

모든 어린이의 발달 권리는
적절한 교육을 받는 것,
문화생활을 즐길 것이에요.
그래야 어린이가 제대로 발달할 수 있어요.

있어요, 있어요.
어린이에게 있어요.
세계 어린이에게 참여의 권리가 있어요.

모든 어린이의 참여 권리는
자신에게 영향을 미칠 수 있는
문제에 대하여 말할 수 있는 것이에요.

그래야 어린이도 사회 구성원이 될 수 있어요.

있어요, 있어요.
어린이에게 있어요.
세계 어린이에게 행복할 권리가 있어요.

　독자분은 가족과 함께 중국 음식점에 가면 어떤 음식을 주문하나요? 어떤 어린이는 짜장면을 주문할 테고, 다른 어린이는 짬뽕을 주문할 거예요. 그런데 만약에 부모님께서 "그것 말고, 볶음밥 먹어라."라고 하시고는 마음대로 주문하신다면 그 어린이는 불쾌할 거예요. 자신의 선택이 무시당했기 때문이에요. 가격이 비싼 음식이 아니라면, 메뉴를 선택하는 것도 먹을 사람의 권리인데, 그 권리가 침해받았으니까요.

　'권리'란 무엇일까요? 권리(權利)는 한자어예요. 권세 권(權), 이로울 리[이](利)예요. 권세는 '권력과 세력'을 뜻해서 '사회적 힘[力]'을 나타내는 말이에요. 그래서, 권

4 '인권'의 기본 권리를 알아보기

리는 '사회적으로 약하지 않고, 불리하지 않은 자격'을 뜻하는 말이에요. 다시 말하면, 권리는 '어떤 일을 할 때 남에게 당연히 요구할 수 있는 사회적 힘이나 자격'을 일컫는 말이에요. 그러므로 권리는 '적절한 자유가 보장되는 의미'이기도 해요. 그러니, 어린이에게도 입맛에 따라 짜장면이나 짬뽕을 선택할 수 있는 권리가 있어요. 자신이 선택한 짜장면이나 짬뽕을 먹으면 즐거워요. 부모님께서 덤으로 주문하신 탕수육을 함께 먹으면 더욱 풍성하고 즐거운 식사 자리가 되어요. 어린이의 당연한 권리가 보장되었을뿐더러, 부모님의 배려와 사랑이 식탁에 놓였기 때문이에요.

'인권'이란 무엇일까요? 사람 인(人)자를 쓰는 인권(人權)은 '어떤 사람이든 태어나면서부터 당연히 가지는 기본적 권리'예요. 그 기본적 권리는 '안전·평등·자유'에 대한 권리예요. 사람이 생존하려면 안전이 보장되어야 해요. 따라서, 목숨과 건강이 위협받지 않을 권리가 모든

사람에게 있어요. 또, 가난한 사람이든 부자이든, 장애인이든 아니든, 여성이든 남성이든, 어린이이든 노인이든, 외국인이든 한국인이든 누구에게나 사회적 **평등**이 보장되어야 해요. 사회 구성원인 누구에게나 차별받지 않을 권리가 있어요. 그리고, 세상 모든 사람에겐 **자유**가 보장되어야 해요. 어떤 사람이든 일하고, 휴식하고, 이동할 권리가 있어요.

　하지만, 어느 국가에든 **사회적 약자**가 있어요. 장애인, 어린이, 노인, 외국인, 가난한 사람, 임산부 등의 여성이 그분들이에요. 그래서 우리 사회에서는 사회적 약자의 인권을 보호하려는 노력을 기울이고 있어요. 장애인 전용 주차 공간, 대중교통의 노약자석, 외국인 노동자 상담소, 불우 이웃 돕기 운동, 육아 휴직 제도 등등, 사회적 약자를 우선 배려하려고 국가를 중심으로 각 지역에서 노력하고 있어요. 이렇듯, 인권은 '사회적 약자'에게 더욱 소중한 가치이자 권리예요. 사회적 약자는 차별받기

쉽고, 일반인보다 자신의 인권을 스스로 챙기기 어려운 환경에 있기 마련이기 때문이에요.

물론, 일반인의 인권도 중요해요. 인권은 모든 사람의 기본 권리이니까요. 그런데, 간혹 인권 문제로 사람들끼리 마음 상하는 일이 생기기도 해요. 누군가가 지나치게 자신의 인권을 내세우다 보니, 다른 사람의 인권을 침해하는 경우가 발생하는 거예요. 예컨대, 사람들이 줄지어 기다리는 장소에서 누군가가 급한 마음에 새치기하는 일도 일어나요. 승강기를 이용할 때도 사람이 내리지 않았는데 먼저 승강기 안으로 밀치고 들어가는 사람도 있어요. 우리 사회는 함께 생활해야 하기에 사회 구성원 모두가 공정한 차례를 지켜야 해요. 나의 인권이 중요한 만큼, 남의 인권도 소중하다는 것을 알아차려야 해요. 그러려면 사회 구성원 모두가 서로의 인권을 존중해야 해요.

• 아래의 두 물음을 읽고
  스스로의 생각을 자유롭게 써 보아요.

1. '유엔 아동 권리 협약'에 있는 어린이의 인권은 '생존의 인권, 보호의 인권, 발달의 인권, 참여의 인권'이에요. 이 네 가지 인권 중에서 무엇이 우선일까요?
더 중요하다고 생각하는 어린이의 인권을 순서대로 쓰세요. 그 까닭도 쓰세요.

2. 우리 사회의 약자를 돕기 위하여 어린이도 참여할 수 있는 '인권 캠페인'에는 어떤 것들이 있을까요?
스스로 생각하여 쓰세요.

5
'도덕'과 '법'의 공통점과 차이점을 알아보기

'이기심'이란 무엇일까요?
'이타심'이란 무엇일까요?
'도덕'이란 무엇일까요? '법'이란 무엇일까요?
'도덕'과 '법'의 공통점과 차이점은 무엇일까요?
'도덕'과 비교하여 '법'의 역할을
알아보아요.

법의 의미와 역할

다리의 난간

사람이 태어났어요.
사람에게 **마음**이 생겼어요.

사람의 **마음**이 두 갈래로 자랐어요.
이기심과 **이타심**이었어요.

이기심은 자기를 위한 마음이었어요.
이타심은 타인을 위한 마음이었어요.

이기심과 **이타심**은 때때로 갈등했어요.
그때마다 둘 중 하나가 이겼어요.

이타심이 **이기심**을 이길 때는
도덕이 **이타심**을 도와주었어요.

도덕은 마땅히 지켜야 할 일을

스스로 지키는 양심이었어요.

이기심이 **이타심**을 이길 때는
법이 **이기심**을 막아섰어요.

법은 국가가 만든 규칙이었어요.
그 규칙은 의무여서 모두가 지켜야 했어요.

국가는 강물이었어요.
법은 강물 위에 놓인
다리의 난간이었어요.

다리의 난간은
다리를 오가는 사람들이
추락하지 않게 보호해 주었어요.

법은 개인의 안전을 지켜 주고
사회 질서를 유지해 주었어요.

'이기심'이라는 말은 들어 보았을 거예요. '이타심'이라는 말도 들어 보았나요? '이타심'은 '이기심'의 반대말이에요. 이기심(利己心)은 한자로는 이로울 이(利), 자기 기(己), 마음 심(心)이어서, '자기 자신의 이익만을 꾀하는 마음'이에요. 반면에, 이타심(利他心)은 한자로는 이로울 이(利), 다를 타(他), 마음 심(心)이어서, '타인을 위하거나 이롭게 하는 마음'이에요. '타인'은 '(내가 아닌) 다른 사람'을 뜻해요. 그래서 '이기심'은 타인을 무시하는 마음이지만, '이타심'은 타인의 처지를 생각하는 마음이에요. 따라서, 이타심은 타인을 존중해요. 그 마음은 사회 구성원 모두에게 인권이 있다는 것을 알고 있어요.

이타심은 '도덕'에 이어져 있어요. 도덕은 '사회 구성원들이 마땅히 지켜야 할 일을 스스로 지키는 양심'이에요. 도덕은 항상 사회 구성원 간의 관계에서 나타나요. 사회의 규칙을 지킴으로써 남들에게 피해를 주지 않는 태도가 도덕이니까요. 그래서 도덕적인 사람을 일컬어 흔히 사람들은 "그분은 법 없이도 살 사람"이라고 말하곤 해요. '법'이 무엇이길래 사람들은 그렇게 표현할까요? 법은 '국가가 정한 규범이며, 그 규범은 국가에 있는 모든 사람에게 강제하는 규칙'이에요. 규범은 '사람이 행동할 때 마땅히 따르고 지켜야 할 판단 기준'이에요. 그러므로, 법은 국가의 모든 사람이 지켜야 하는 사회적 규범이에요.

'도덕'과 '법'의 공통점과 차이점은 무엇일까요? 공통점은 한 사회에서 살아가는 모두가 사회 구성원으로서 마땅히 지켜야 하는 것이라는 점이에요. 다시 말하면, 도덕과 법은 개인의 행동이 사회에서 함께 살아가는 타인

에게 정신적, 물질적 피해를 주지 않게끔 사회 구성원들에게 깨우쳐 주어요. 다만, 도덕은 규범을 지키는 일이 자율적 양심에서 비롯된다는 점에서 법과는 달라요. 법은 사회 구성원들의 안전과 사회 질서를 지키기 위하여 개개인의 양심에 맡기지 않고 국가가 강제하기 때문이에요. 이 점이 '도덕'과 '법'의 차이점이에요. 그래서 누군가가 법을 지키지 않으면, 그는 국가의 '제재'를 받게 되어요(제재는 '규칙이나 관습을 지키지 않는 것을 제한하거나 금지함'을 뜻하는 말이에요). 그런데, 누군가의 행동이 법의 영역을 벗어나지 않는다고 해도, 도덕적이지 않았을 때는 그 사실을 알게 된 사람들에게 비난받아요. 예컨대, 승강기나 열차를 이용할 때는 내리는 사람이 우선인데도, 누군가가 그 예의를 지키지 않는다면 그 사람을 국가가 제재하지는 않아요. 법은 사소한 일까지 강제하지는 않아요. 대신에 그 사람은 그 장면을 본 사람들에게 비난받아요. 그 사람이 도덕적이지 않았기 때문이에요.

그럼, '법'의 역할은 무엇일까요? 법은 개인의 권리를 보장해 주어요. 즉, 법은 개인의 생명과 재산을 보호해 주고, 개인 간에 발생한 분쟁을 해결해 주고, 개인 정보를 보호해 주어요. 또한, 법은 사회 질서를 유지해 주어요. 즉, 범죄로부터 안전하게 지켜 주고, 교통사고를 예방할 수 있게끔 여러 장치를 마련해 주고, 환경 파괴와 오염을 예방하고 해결해 주어요. 따라서, 법은 사회 구성원들의 권리를 보호하고, 사람들이 안전하게 살 수 있도록 도와주어요. 사람들에겐 이타심도 있지만, 이기심도 있어서 그 이기심이 지나쳐 남들의 안전을 해치거나 사회 질서를 어지럽힐 때 법의 힘으로 제재해야 하기 때문이에요. 그러므로 법은 사회의 안전장치예요.

• 아래의 두 물음을 읽고
  스스로의 생각을 자유롭게 써 보아요.

1. 우리 사회에는 '이타심'이 부족한 사람이 많아요.
   '이타심'은 어떻게 키울 수 있을까요?
   스스로 생각하여 쓰세요.

2. '법'을 지나치게 강하게 만들면 사회에 어떤 문제가
   발생할까요? 스스로 생각하여 쓰세요.

5 '도덕'과 '법'의 공통점과 차이점을 알아보기

6 국민의 '권리'와 '의무'를 알아보기

'헌법'이란 무엇일까요? '기본권'이란 무엇일까요?
'기본권'에는 어떤 권리들이 있을까요?
'국민의 의무'는 무엇일까요?
'기본권'과 '국민의 의무'를 정한
우리나라 헌법을 알아보아요.

헌법과
인권 보장

헌법의 집

국가가 생겼어요.
한반도에 대한민국이 생겼어요.

대한민국에 **법**이 세워졌어요.
대한민국에 **헌법**의 집이 지어졌어요.

헌법은 모든 **법**의 기초여서
대한민국 **법**의 주춧돌이 되었어요.

헌법이라는 주춧돌 위에
다섯 개의 기둥이 세워졌어요.
기둥이 있어야 집이 튼튼하고
집에 사는 국민이 안전할 테니까요.

다섯 기둥의 이름은 **기본권**이었어요.
다섯 기둥에도 각각의 이름이 생겼어요.

평등권, 자유권, 참정권, 청구권, 사회권이
기본권의 이름들이었어요.

평등권은 차별받지 않을 권리였어요.
자유권은 자유롭게 행동할 권리였어요.
참정권은 정치에 참여할 권리였어요.
청구권은 국가에 요구할 권리였어요.
사회권은 인간답게 살 권리였어요.

헌법의 집이 튼튼하고 안전하려면
다섯 기둥 사이사이에
오각형의 벽도 둘러 세워야 했어요.

추위와 더위를 막아내는
벽을 튼튼히 세우는 일은
국민의 몫이었어요.

국민이 세운 벽의 이름은 의무였어요.
오각형 벽에도 각각의 이름이 생겼어요.
국방의 의무, 근로의 의무, 교육의 의무,
납세의 의무, 환경 보전의 의무가
의무의 이름들이었어요.

국방의 의무는 나라를 지킬 의무였어요.
근로의 의무는 일할 의무였어요.
교육의 의무는 교육받게 할 의무였어요.
납세의 의무는 세금을 낼 의무였어요.
환경 보전의 의무는 환경을 지킬 의무였어요.

헌법의 집에 지붕이 씌워졌어요.
집에 지붕이 있어야만
비와 눈을 막아 주니까요.

동시로
생각하고

헌법의 집에 씌운 지붕의 이름은

국민 주권이었어요.

지붕 모양의 안전모를 쓰고 있는

헌법의 집주인은 국민이니까요.

헌법의 집은 모든 국민이

존중받고 자유와 권리를 누리며

행복하게 살 수 있는 기본법이었어요.

'헌법'이란 무엇일까요? 헌법(憲法)은 한자어예요. 법 헌(憲), 법 법(法)이에요. 법의 뜻을 두 번 써서 강조한 만큼 헌법은 '우리나라 법 중에서 가장 기본이 되는 법이자 최고의 법'이에요. 그래서 우리나라의 모든 법은 헌법에서 태어났어요. 헌법은 우리나라 법들의 어머니인 셈이에요. 그런 만큼 헌법은 국가를 운영하는 가장 중요하고 기본적인 내용을 담고 있어요. 그래서 헌법은 쉽게 바꿀 수 없어요. 그런데도 헌법을 새로 정하거나 고치려면 반드시 '국민 투표' 과정을 거쳐서 다수의 표를 얻어야 해요(국민 투표는 '국가의 중요한 일을 국민이 투표하여 결정하는 제도'예요). 헌법은 '국민의 권리'를 보호하기 위해 만들어진 기본법이어서, 국가가 '국민의 권리'를 침해하지 못하게 보장하고 있기 때문이에요. 국민의 권리는 '모든 국민이 인권을 존중받고 행복하게 생활할 자격'을 의미해요. 그러므로 국가는 헌법에 따라 국민의 권리를 보장하기 위해 국가 기관들을 만들어 운영하고 있어요.

헌법으로 보장된 '국민의 기본적인 권리'를 기본권이라고 해요. 그 기본권에는 '평등권, 자유권, 참정권, 청구권, 사회권' 등이 있어요. 그중 평등권은 모든 국민이 법을 공평하게 적용받아 생활의 모든 면에서 차별을 받지 않을 권리예요. 헌법에 "모든 국민은 법 앞에 평등하다."라는 조항이 있어요. 자유권은 모든 국민이 국가 권력에 의하여 자유를 제한받지 않을 권리예요. 헌법에 "모든 국민은 직업 선택의 자유를 가진다." "모든 국민은 거주 이전의 자유를 가진다."라는 조항이 있어요. 참정권은 모든 국민이 국가의 정치 활동에 직접 또는 간접으로 참여할 수 있는 권리예요. 그래서 국민에게는 선거할 권리, 선거 후보가 될 권리, 공무원이 될 수 있는 권리가 있어요.

청구권은 국민이 기본권을 침해받았을 때 국가에 요구할 수 있는 권리예요. 그래서 모든 국민은 법관에게 기본권을 침해받은 사실을 밝혀 국가를 상대로 재판받을 수 있어요. 사회권은 모든 국민이 인간다운 생활을 위해 필요한 사회적 보장을 국가에 요구할 수 있는 권리예요. 헌법에 "모든 국민은 능력에 따라 균등하게 교육을 받을 권리가 있다." "모든 국민은 건강하고 쾌적한 환경에서 권리를 가진다."라는 조항이 있어요.

이처럼 '기본권'은 국가가 국가의 주인인 국민에게 보장하는 권리예요. 그리고 기본권 보장을 실천하는 일은 국가 기관이 맡아 해요. 그런데 국가 기관은 국민의 노력 없이는 제대로 운영될 수 없어요. 그래서 헌법은 국민으로서 지켜야 하는 '의무'도 정하였어요. 의무는 '사람으로서 마땅히 하여야 할 일'이지만, 헌법으로 정한 국민의 의무는 '국민의 기본권 보장과 국가의 유지를 위하여 국민으로서 마땅히 해야 할 일'을 뜻해요. 그 의무에는 '교육의 의무, 납세의 의무, 근로의 의무, 국방의 의무, 환경 보전의 의무' 등이 있어요. 그중 교육의 의무는 모든 국민은 자녀가 잘 성장할 수 있도록 교육받게 할 의무가 있음을 뜻해요. 납세의 의무는 모든 국민은 세금을 내야 할 의무가 있음을 뜻해요. 근로의 의무는 모든 국민은 개인과 국가 발전을 위해 일할 의무가 있음을 뜻해요. 국방의 의무는 모든 국민은 자신과 가족, 국민 모두의 안전을 위해 국가를 지킬 의무가 있음을 뜻해요. 환경 보전의 의무는 모든 국민과 기업과 국가 기관은 환경을 보전하기 위해 노력해야 할 의무가 있음을 뜻해요. 국가는 국민을 존중하고, 국민은 국민의 의무를 다해야 국가는 튼튼하고 국민은 행복할 수 있어요. 국가와 국민은 동전의 양면이에요.

• 아래의 두 물음을 읽고
  스스로의 생각을 자유롭게 써 보아요.

1. 개인의 '기본권'이 '공공의 이익'(사회 구성원 전체의 이익)과 충돌할 때는 '기본권'과 '공공의 이익' 중에서 무엇이 우선일까요? 스스로 생각하여 쓰세요.

2. 헌법의 '기본권' 다섯 가지와 '의무' 다섯 가지를 적으세요. 그러고는 그 '기본권'과 '의무'를 나누어 스스로 생각하는 우선순위를 정해 번호를 매기세요.

7 우리 민족이 초기에 세운 나라들을 알아보기

우리 민족이 처음 세운 나라의 이름은 무엇일까요?
'고조선'이 멸망한 뒤 한반도에 어떤 국가들이
생겨났을까요?
'신라'는 어떻게 삼국을 통일했을까요?
우리 민족이 초기에 세운 나라들을
알아보아요.

나라의
등장과 발전

국가의 탄생

기원전 2333년이었으니
4천 년도 더 된 먼 옛날이었어요.
청동기 문화를 꽃피운
우리 민족의 국가가 처음 태어났어요.

국가의 이름은 고조선이었어요.
고조선은 한반도와 그 위쪽에서 오래 살았어요.
고조선은 무려 2,225살까지 살았어요.

그 후 반세기가 흘러 신라가 태어났어요.
신라는 한반도 남쪽 땅에
경주라는 터를 닦아 살았어요.

곧이어 고구려도 태어났어요.
고구려는 한반도 위쪽에서 성장하기 시작해
남쪽과 북쪽으로 몸집을 크게 키웠어요.

연이어 백제도 태어났어요. 그러자
고구려, 백제, 신라의 삼국 시대가 열렸어요.
백제는 한강 지역에서 성장하면서
삼국 중에서 가장 먼저 우등생이 되었어요.

하지만 고구려의 힘이 가장 셌어요.
신라와 백제는 힘을 합쳐 고구려를 밀어냈어요.
이후 신라는 한반도 북쪽의 당나라와 손잡고
백제와 고구려를 무찔러 삼국 통일을 이뤘어요.

고구려는 눈감았지만
고구려의 자식인 발해가 태어났어요.
발해는 고구려만큼 굳세게 성장하여
고구려의 옛 땅을 되찾았어요.

먼 옛날 우리 민족의 국가들도
생명처럼 태어나고 사라지며 거듭났어요.

우리 민족이 처음 세운 국가는 고조선이에요. 당시에는 청동기 문화가 번성하여 농사 기술이 발달했고, 인구도 증가했어요. 그러자 권력을 가진 사람들도 생겨나 주변 세력을 한데 모았어요. 그러면서 고조선이 건국됐어요. 고조선은 아주 오래 이어진 국가였어요. 기원전 2333년에 건국되어 기원전 108년에 멸망했으니, 무려 2,225년이나 국가를 유지했어요(기원전은 예수가 태어난 해를 기준으로, 그 이전을 나타내는 시간 단위예요). 고조선은 여러 부족을 통합하면서 세력을 넓혔어요. 고조선은 한반도와 한반도 북쪽의 넓은 지역을 영토로 삼았어요. 오늘날 남아 있는 고조선의 문화유산은 미송리식 토기, 비파형 동검, 탁자식 고인돌 등이에요.

고조선은 오늘날 중국 남부에서 번성했던 한(漢)의 침입으로 멸망했어요. 그러자 한반도와 그 주변 지역에 여러 국가가 세워졌어요. 고조선이 멸망한 뒤 반세기가 지난 기원전 57년에 신라가 건국했고, 기원전 37년에는 고구려가, 기원전 18년에는 백제가 건국했으니, 불과 40년도 안 되어서 '신라·고구려·백제'라는 삼국 시대가 열렸어요. 삼국 중에서 가장 먼저 번성한 국가는 백제였어요. 백제의 근초고왕은 한반도 남쪽으로 영토를 넓히고 고구려를 공격해 북쪽으로 진출하면서 주변 국가들과 활발히 교류했어요. 고구려는 강한 힘으로 넓은 영토를 확장한 국가였어요. 특히 고구려의 광개토왕은 한반도 북쪽에서부터 동서남북으로 영토를 크게 넓혀 만주와 한강 이북을 차지하는 등 고구려의 전성시대를 이뤘어요. 신라는 박혁거세가 지금의 경주 지역에 나라를 세웠어요. 신라는 고구려에 비하면 힘이 약했지만, 주변 국가와 연합하는 능력이 탁월했어요. 신라는 백제와 연합하여 고구려에 맞섰어요. 또한, 신라는 인접해 있던 가야 지역까지

세력을 넓혀 가야를 흡수했으며, 신라의 김춘추는 한반도 너머 서쪽 대륙에서 번성했던 당(唐)과 동맹을 맺고는 왕위에 오르자 백제마저 멸망시켰어요. 신라의 확장은 멈추지 않았어요. 김춘추의 왕위를 이은 문무왕은 다시 당(唐)과 연합하여 고구려를 무찔렀어요. 이로써 신라가 삼국 통일을 이루었어요. 그러자 당(唐)은 신라와의 동맹을 깨고 한반도를 차지하려고 했어요. 신라는 물러서지 않았어요. 신라는 당(唐)과 전쟁을 벌였고, 승리하여 한반도를 지켜 냈어요.

반면에, 멸망한 고구려의 백성이었던 대조영은 당(唐)이 정치적으로 혼란한 틈에 고구려 백성들과 말갈족을 이끌어 한반도 북쪽의 모산 지역에서 발해를 건국했어요. 발해는 군사력이 강했어요. 발해는 한반도 북쪽과 그 위쪽 지역의 큰 영토를 정복했어요. 그 크기가 한반도의 두 배가 넘었어요. 이로써 발해는 고구려의 옛 땅을 대부분 되찾았어요. 발해를 건국한 대조영이 고구려 사람이었던 만큼 발해는 고구려를 계승한 국가임을 나라 안팎에 내세웠어요. 실제로 발해의 문화는 고구려의 문화 많이 닮았어요. 오늘날 남아 있는 발해의 기와 무늬나 건축물 모양을 보면 고구려의 것들과 흡사해요.

삼국 시대의 주인공인 고구려·백제·신라의 문화에도 공통점이 있어요. 그것은 불교문화예요. 삼국은 모두 중국 지역으로부터 불교를 받아들였어요. 세계 어느 국가이든 왕은 통치할 때 종교를 그 중심에 두었어요. 백성의 마음의 하나로 모으고, 왕의 권력을 유지할 때 종교만큼 단결할 수 있게 해 주는 것이 없었기 때문이에요. 삼국 시대의 불교도 마찬가지였어요. 하지만 오늘날 남아 있는 삼국의 불교문화는 우리의 소중한 문화유산이에요. 종교를 중심에 둔 국가 통치는 왕의 몫이었지만, 슬기와 멋을 간직한 문화유산은 백성들의 탁월한 예술성에서 꽃피었으니까요.

• 아래의 두 물음을 읽고
  스스로의 생각을 자유롭게 써 보아요.

1. '고조선·고구려·백제·신라·가야·발해'는 우리 민족의 국가였어요. 반면에, 당시의 또 다른 국가였던 '한(漢)·당(唐)'은 우리 민족의 국가라고 일컫지 않아요. 왜 그럴까요? 자유롭게 생각하여 쓰세요.

2. '고구려·백제·신라'의 종교는 '불교'였어요. 삼국이 같은 종교를 믿는데 왜 서로를 정복하려고 했을까요? 자유롭게 생각하여 쓰세요.

8

'고려'의 탄생과 생존, 문화유산을 알아보기

'후삼국 시대'는 어떻게 생겨났을까요?
'고려'는 어떻게 후삼국을 통일했을까요?
'고려'는 어떻게 국가를 유지했을까요?
'고려'의 문화유산들은 무엇일까요?
'고려'의 탄생과 생존, 그리고 문화유산을
알아보아요.

독창적 문화를 발전시킨 고려

고려라는 꽃밭

꽃이 진 자리에서
다른 꽃이 피었어요.

백제 꽃이 진 자리에서
후백제 꽃이 피었어요.

고구려 꽃이 진 자리에서
후고구려 꽃이 피었어요.

후고구려 꽃이 이름을 바꿔
고려 꽃이 되었어요.

그러자 천 년 동안 피었던
신라 꽃이 시들었어요.

꽃 핀 지 36년 만에

후백제 꽃도 꽃잎을 떨구었어요.

고려 꽃은 만발하여
후삼국 꽃밭을 통일했어요.

하지만 거란이라는 외래종 꽃이
고려 꽃밭에 침입했어요.

고려 꽃밭의 꽃송이 서희가
담판 지어 막아 냈어요.

거란 꽃이 또 침략했어요.
강감찬 꽃송이가 마침내 귀주 대첩을 이뤘어요.

이번엔 몽골이라는 외래종 꽃이 나타나
고려 꽃밭을 탐냈어요.

몽골 꽃은 당시 세계에서 가장 힘셌어요.
몽골 꽃이 침략한 꽃밭들은 대부분 멸망했어요.

고려 꽃밭도 **몽골** 꽃에 오래 시달렸지만
끈질기게 맞서서 꽃밭을 지켜 냈어요.

고려 꽃밭에서 피어난 **문화유산**은
품위 있고 멋있고 독창적이에요.

고려청자는 뛰어난 도예가 낳은
세계적인 예술품이에요.

몽골의 숱한 침략을 견디며 완성한
팔만대장경에는 민족정신이 새겨 있어요.

앞선 기술이 만든 『**직지심체요절**』은

세계 최초의 금속 활자로 찍은 책이에요.

그래서 서양에서 우리나라를
코리아라고 불렀어요.

코리아(Korea)는
고려의 서양식 발음이에요.

신라가 삼국을 통일한 지 200여 년이 지난 때였어요. 역사 속의 권력이 그렇듯이, 신라도 정치적으로 혼란의 시기를 맞았어요. 귀족들이 왕위를 놓고 다투는 동안, 지방 곳곳에서 '호족'이 등장했어요(호족은 '재산이 많고 세력이 강한 집안'이에요). 그중 견훤은 호족들을 이끌어 오늘날 전라북도 전주에 후백제를 건국했어요. '후백제'는 이름에서 알 수 있듯이 오래전에 멸망한 백제의 뒤를 이은 나라였어요. 후백제(後百濟)의 후(後)는 한자로 뒤 후(後)자이니까요. 그 후 1년이 지나 한 국가가 또 세워졌어요. 호족이었던 궁예가 호족들을 이끌어 건국한 후고구려였어요. 마찬가지로, '후고구려'는 멸망한 고구려의 뒤를 이은 나라였어요. 한반도는 옛날처럼 삼국 시대가 되었어요. 한반도가 다시 '신라·후백제·후고구려'로 나뉜 이때를 후삼국 시대라고 일컬어요.

하지만 후삼국이 통일되기까지 36년밖에 걸리지 않았어요. 후삼국은 고려가 통일했어요. '고려'는 17년 만에 왕이 바뀐 '후고구려'를 이은 나라예요. 고려는 후고구려를 건국한 궁예를 도왔던 왕건이 세웠어요. 왕이 된 궁예가 신하를 의심하고 살해하며 호족들을 억압하자, 왕건은 호족들에 힘입어 궁예를 몰아냈어요. 고려의 왕 왕건은 후백제와의 전투에서 끝내 승리했어요. 힘이 약해진 신라는 고려에 쉽게 항복했어요. 삼국을 통일한 고려의 왕건은 백성들에게 불교를 장려하며 안정된 통치를 했어요. 왕건은 가난한 백성에게는 양식을 주었고, 호족들을 잘 다스렸으며, 발해가 거란에 멸망하자 발해의 호족과 백성들을 받아들여 한반도 북쪽으로도 영토를 넓혔어요.

그러나 발해를 멸망시킨 거란은 이웃 나라였던 송(宋)

과 고려의 우호 관계를 끊으려고 고려를 침입했어요. 이때 고려의 신하인 서희가 나서서 거란과 슬기로운 외교를 하여 그들의 침입을 막아 냈어요. 하지만 얼마 후 거란은 다시 고려에 침입했어요. 앞서 서희가 외교 담판을 지으며 압록강 동쪽 땅을 차지한 것이 못마땅했던 거예요. 거란은 여러 트집을 잡아 고려를 세 번이나 침입했어요. 거란의 공격은 강했지만, 고려의 강감찬 장군이 한반도 서북쪽의 귀주에서 거란군을 크게 무찔렀어요. 그 전투를 귀주 대첩이라고 해요(대첩은 '전쟁에서 크게 승리함'을 뜻해요). 이로써 고려는 나라를 지킬 수 있었어요.

하지만 한반도를 정복하려는 외적의 침입은 끝나지 않았어요. 아시아 북쪽의 '유목 민족'(가축과 함께 일정한 지역을 이동하며 사는 민족)이었던 몽골은 칭기즈 칸이 주변 부족을 통일하면서 세력이 커져 주변 나라들을 마구 침략했어요. 고려도 그중 하나였어요. 몽골의 군사력은 거란보다 훨씬 강했어요. 몽골 군사의 창과 칼이 한반도 곳곳의 많은 백성의 목숨을 빼앗았고, 수많은 고려 사람들이 포로로 끌려갔어요. 고려의 왕은 '강화도'까지 쫓겨 갔어요. 다행히 강화도는 함락되지 않았지만, 전쟁을 지속할 수는 없었어요. 이후 고려는 외교로써 국가를 유지했지만, 몽골의 간섭을 받아야 했어요. 당시 몽골은 아시아는 물론이고 서유럽까지 정복한 엄청난 영토의 국가였어요.

고려는 474년간(918~1392년) 지속한 국가였어요. 고려의 문화는 뛰어났어요. 오늘날 남아 있는 고려의 문화 유산은 예술성과 제작 기술이 탁월하여 세계적으로 주목받는 만큼 우리 역사를 빛낸 문화예요. 그중 고려청자는 고려를 대표하는 예술 작품이에요. 청자를 빚는 기술은 중국에서 들어왔지만, 고려는 '상감'이라는 공예 기법을 적용하여 '상감 청자'를 만들어 냈어요. 이 독창적인 도예 기술은 고려만의 유일한 창작품이었어요. 고려청자는 '주전자·찻잔·향로·베개·의자' 등으로 제작되었지만,

만들기가 어려워 주로 왕실과 귀족들만이 사용했어요.

고려는 불교를 믿는 국가였어요. 고려 사람들은 외적이 침입하면 군사력으로 방어했지만, 한편으로는 종교에 의지하는 마음도 컸어요. 그래서 그 숭고한 마음을 모아서 대장경을 만들었어요. 대장경은 '불교 경전을 한데 모아 놓은 것'이에요. 고려가 처음에 만든 대장경은 초조대장경이었지만, 이 대장경은 몽골의 침입으로 불타 버렸어요. 고려는 다시 대장경을 만들었어요. 그것은 재조대장경이었는데, 무려 81,258장이나 되는 목판에 16년 동안 새겨 만든 대장경이어서 팔만대장경이라고 불러요. 한 글자를 새길 때마다 절을 세 번씩 하며 만든 팔만대장경은 우리나라의 국보이자, 유네스코 세계 기록 유산으로 등재되었어요.

그뿐 아니라 고려는 금속 활자를 이용한 인쇄술도 발달했어요. 그중 오늘날 남아 있는 금속 활자 인쇄본 가운데 가장 오래된 것은 『직지심체요절』이에요. 『직지심체요절』은 원래는 상권·하권으로 나누어진 두 권의 책인데, 현재는 하권만 남아 있어요. 유네스코 세계 기록 유산으로 등재된 이 책은 유럽에서 만든 금속 활자보다 70여 년 앞서 제작되어서 고려의 금속 활자 인쇄술이 세계 최초임이 밝혀졌어요. 고려는 서양에서 코리아(Korea)로 불렸어요.

• 아래의 두 물음을 읽고
스스로의 생각을 자유롭게 써 보아요.

1. 『직지심체요절』은 현재 '프랑스 국립 도서관'에 보관되어 있어요. 고려의 소중한 문화유산이 왜 프랑스에 있을까요? 스스로 생각하여 쓰세요.

2. 고려는 몽골의 침입에 왕실을 '강화도'로 옮겼어요. 다른 섬도 많고, 육지의 깊은 산골도 많았는데, 왜 강화도를 선택했을까요? 조사하여 쓰세요.

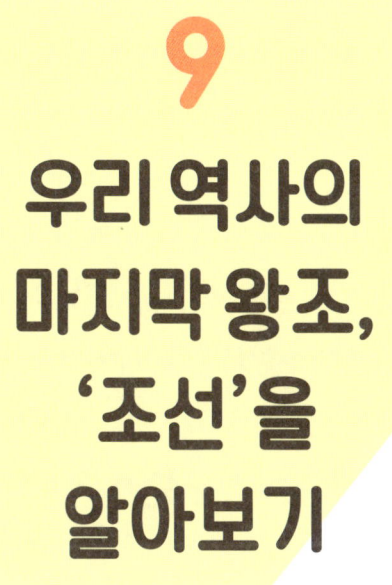

9
우리 역사의 마지막 왕조, '조선'을 알아보기

'조선'은 어떻게 건국되었을까요?
왜 '세종'을 '세종 대왕'이라고 부르게 되었을까요?
'임진왜란'은 어떤 전쟁이었을까요?
'병자호란'은 어떻게 끝났을까요?
우리 역사의 마지막 왕조였던 '조선'을
알아보아요.

민족 문화를
지켜 나간 조선

조선이라는 꽃밭

470살 넘은 고려 꽃밭이 시들었어요.
외적과 권문세족이 갈아먹어 꽃이 상했어요.

꽃밭이 망가지자 땅도 메말랐어요.
땅은 꽃보다 소중한 백성이었어요.

망가진 꽃밭을 보고만 있을 수 없어서
신진 사대부와 신흥 무인 세력이 나섰어요.

그중 이성계가 신흥 무인 세력을 이끌어
고려 꽃밭을 갈아엎었어요.

이성계는 꽃밭 이름을 조선으로 바꾸고
조선의 첫 왕인 태조가 되었어요.

태조는 도읍도 한양으로 옮겼어요.

동시로 생각하고

한양은 지리적인 이점이 많았어요.

태조가 세운 정치 이념은 **유교**였어요.
유교는 충성과 효도를 내세운 사상이었어요.

조선의 왕과 신하는 백성을 위한
바른 정치를 하려고 노력했어요.

특히 **세종**은 많은 업적을 이뤘어요.
세종은 과학 기술, 문화, 국방에 힘썼어요.

집현전 학자들과 **장영실**은 과학 기술을 발명했고
세종은 직접 **훈민정음**을 창제했어요.

조선 꽃밭은 잘 가꾸어졌지만
외적의 침입도 여러 번 겪었어요.

왜구의 침입은 잦았어요.
임진왜란은 7년이나 이어진 전쟁이었어요.

다행히 전술이 뛰어난 이순신 장군이
왜구를 무찔러 조선을 지킬 수 있었어요.

청(淸)도 조선을 침입했어요.
청(淸)은 병자호란을 일으켰어요.

중국의 마지막 왕조인 청(淸)은 막강했어요.
조선 왕 인조는 마침내 항복했어요.

이후 오랫동안 조선과 청(淸)은
신하와 임금의 관계가 되었어요.

그래도 조선은 우리 민족 문화를 지키며

국가로 살아남을 수 있었어요.

만약 그렇잖았다면,
한반도의 꽃밭은 어찌 되었을까요?

고려는 고조선 이후 우리 민족이 세운 나라 중 두 번째로 오래 이어 간 국가예요. 고려는 474년간 존속한 나라였어요(그 후에 생겨난 조선은 500년 이상 존속했어요). 하지만 고려 말이 되어서는 홍건적과 왜구가 연이어 침입했고, 나라 안의 권문세족(벼슬이 높고 권세가 있는 집안)들이 고려를 혼란에 빠뜨렸어요. 상황을 지켜볼 수만은 없었던 신진 사대부(고려 말에 등장한 새로운 정치인들)와 신흥 무인 세력(군인)은 고려를 개혁하려고 했어요. 그러던 중 중국 지역에 건국한 명(明)의 위협에 맞서 요동으로 가던 이성계 장군이 '위화도'에서 갑자기 군대를 되돌려 고려의 세력을 무찔렀어요. 이성계는 고려의 땅이었던 한반도에 조선이라는 새로운 왕조를 세웠어요.

이성계는 도읍도 옮겼어요. 수도를 개경(오늘날의 개성)에서 한양(서울)으로 도읍을 옮겼어요. 한양은 지리적 조건이 좋았어요. 한양은 교통이 편리하고, 한강이 가로지르고 있어서 농사짓거나 물자 이송에 유리했어요. 또한, 조선은 사회 이념을 '유교'로 바꾸었어요. 유교는 '공자의 가르침을 따르는 학문을 근본 삼아, 나라에 충성하고 부모에게 효도하는 것을 중요하게 여기는 종교'예요. 따라서, 조선은 유교 정신을 바탕으로 나라에 충성하는 신하를 두어 백성을 위한 올바른 정치를 펼치려고 노력했어요.

조선의 세종은 훗날 '세종 대왕'이라고 부를 만큼 큰 업적을 이룬 임금이었어요. 세종은 '과학 기술, 문화, 국방'에 힘썼어요. 세종은 여러 연구 기관을 모아 '집현전'으로 개편했어요. 집현전은 궁궐 안에 설치한 학문 연구 기관이었어요. 그래서 조선의 학자들이 집현전에 모여 나라에 필요한 연구를 했어요. 그중 『농사직설』은 앞

선 농사 기술을 연구하여 백성들에게 보급한 책이에요. 또한, 집현전의 학자들은 세종의 지시를 받아 관노(관가의 노비)였던 장영실과 함께 여러 과학 기구를 만들었어요. '측우기·혼천의·앙부일구·자격루' 등이 그것이에요. 측우기(測雨器)는 말 그대로 강우량을 측정하는 기구예요. 한자로 잴 측(測), 비 우(雨), 그릇 기(器)이거든요. 혼천의는 해와 달과 별들의 움직임을 관측하는 천문 관측기예요. 조선은 '혼천의'로 관측한 자료로 한반도의 절기에 맞는 달력 『칠정산』을 만들어 사용했어요. 앙부일구는 해시계예요. 그 모양이 마치 '가마솥이 하늘을 우러르고 있는 듯하여' 앙부일구(仰釜日晷)라고 이름 지었어요. 한자로 우러를 앙(仰), 가마솥 부(釜), 해 일(日), 그림자 구(晷)이거든요. 즉, 앙부일구는 솥 모양의 그릇 안쪽에 24절기를 나타내는 눈금을 새기고, 북극을 향한 바늘을 꽂아, 이 바늘의 그림자가 가리키는 눈금에 따라 시각을 알 수 있게 만들었어요. 자격루는 물시계예요. 한자로 스스로 자(自), 부딪칠 격(擊), 물 샐 루[누](漏)여서, 자격루(自擊漏)는 '흐르는 물의 작용으로 스스로 종을 쳐서 시각을 알려 주는' 물시계예요. 세종은 문화도 크게 발전시켰어요. 가장 큰 업적은 훈민정음 창제예요. 세종은 글을 읽지 못하는 많은 백성을 위해 우리글을 만들었어요. 훈민정음은 혀와 입술 모양의 과학적 원리를 찾아 창제한 한글이에요. 세종이 이룬 국방의 성과는 왜구의 쓰시마섬(대마도)을 정벌한 것과 한반도 북쪽 지역을 개척하여 조선의 국경을 압록강과 두만강까지 확장한 것이에요.

하지만, 건국한 지 200년이 지난 1592년에 조선은 큰 전쟁을 맞이했어요. 일본을 통일한 왜구가 100년간 힘을 모아 큰 군대를 이끌고 부산으로 침입했어요. 임진왜란이 일어난 거예요. 한반도를 밟은 왜구에게 조선은 속수무책으로 당했어요. 조선의 왕궁인 경복궁까지 불타 버렸으니까요. 조선의 왕 선조는 한양을 떠나 한반도 위쪽의 '의주'까지 피란했어요. 다행히 남해에서 이순신 장군이 이끄는 수군(해군)이 왜구를 물리쳤어요. 특히 명량 대첩

과 한산도 대첩은 왜구를 크게 무찌른 승리였어요. 그 바람에 조선은 전라도와 충청도를 지킬 수 있었어요. 또 조선 곳곳에서 뭉쳐 일어난 '의병'이 왜구에 맞섰어요(의병은 백성들이 자발적으로 조직한 군대예요). 육지에서의 결정적 전투는 행주 대첩이었어요. 조선과 명(明)의 연합군이 평양성에서 왜군을 무찔렀어요. 이에 힘입어 조선의 군사는 한양으로 이동했어요. 그때 권율 장군은 '행주산성'에서 왜구와 큰 전투를 벌였어요. 조선의 관군·의병·승병(승려들이 자발적으로 조직한 군대)이 힘을 모아 왜군을 무찔렀어요. 그 전투가 '행주 대첩'이에요. 그 후에도 임진왜란은 이어졌지만, 왜구의 우두머리인 도요토미 히데요시가 죽자 왜구가 철수하면서 7년간의 임진왜란이 끝났어요.

조선의 두 번째 위기는 '병자호란'이었어요. 병자호란은 중국의 마지막 왕조인 청(淸)이 조선을 상대로 일으킨 전쟁이에요. 청(淸)의 군사력은 막강했고, 조선의 왕

인조는 '남한산성'까지 피신하여 맞서 싸웠어요. 하지만, 강화도에서 피란 중이던 왕족과 신하들이 포로가 되자 인조는 남한산성에서 내려와 '삼전도'(서울시 송파구 송파동에 있던 나루터)에서 청 태종에게 항복했어요. 이로써 조선과 청(淸)은 '신하와 임금'의 관계를 맺었어요. 인조의 선택은 나라는 살렸지만, 왕족을 비롯해 많은 신하와 백성은 청(淸)에 인질로 끌려갔어요. 전쟁의 역사는 차가웠어요.

• 아래의 두 물음을 읽고
  스스로의 생각을 자유롭게 써 보아요.

1. '병자호란'을 겪은 조선의 왕 '인조'는 항복을 선택했어요. 그렇지 않았다면, 조선은 어떻게 되었을까요? 스스로 생각하여 쓰세요.

2. 조선의 사회 이념은 '유교'였지만, 조선 시대에도 '불교'는 여전히 존중받았어요. 그것이 어떻게 가능했을까요? 스스로 생각하여 쓰세요.

10
'조선 후기'의 정치와 사회를 알아보기

조선의 '영조'와 '정조'는 어떤 왕이었을까요?
'실학'은 어떤 학문이었을까요?
조선 후기의 백성들은 어떤 문화 예술을
좋아했을까요?
조선 후기의 정치와 사회는 어땠을까요?
'조선 후기'의 역사를 알아보아요.

새로운 사회를
향한 움직임

조선 꽃밭의 저물녘

조선의 꽃이 자라고 자라
건국한 지 350년쯤 지났어요.

조선 꽃밭에는 실학이 등장했어요.
실학자들은 새로운 문물을 받아들여
농업 기술과 상공업 발달을 꾀했어요.

대표적인 실학자 정약용은 유배지에서도
기술, 경제, 정치, 농업 등을 연구하며
『목민심서』 같은 책을 여러 권 썼어요.

영조는 탕평책을 펼쳐 붕당을 억눌렀어요.
정조는 규장각과 수원 화성을 세웠어요.

조선 후기에는 서민 문화가 등장했어요.
한글 소설, 풍속화, 탈놀이, 판소리였어요.

신윤복과 김홍도는 풍속화의 대가였고
탈놀이와 판소리는 양반들도 즐겼어요.

조선의 꽃밭에 날이 저물었어요.

정조 이후의 왕들은 나이가 어렸어요.
왕의 외가 친척이 세도 정치를 일삼았어요.
조선의 꽃밭이 메마르고 백성은 힘들었어요.

고종을 대신해 흥선 대원군이 왕권을 쥐었어요.
여러 나라가 군함으로 조선의 문을 두드렸어요.

먼저 프랑스 군함이 병인양요를 일으켰어요.
프랑스는 통상을 요구하며 강화도를 침략했어요.

다음은 미국 군함이 신미양요를 일으켰어요.
미국도 통상을 요구하며 강화도를 침략했어요.

조선은 서양 군함의 압력에 저항했어요.

흥선 대원군은 조선의 문을 닫아걸었어요.
얼마 후 흥선 대원군이 왕좌에서 내려왔어요.

그러자 일본 군함이 강화도를 침략했어요.
개항을 바라는 목소리가 조선 안에서 커졌어요.
조선은 불리한 강화도 조약을 일본과 맺었어요.

조선의 문이 열리자 서양 나라들도
조선과 조약을 맺어 교류를 시작했어요.

조선의 꽃밭은 개화의 물결에 휩싸였어요.
김홍집은 청에 기대어 천천히 개화하길 바랐어요.
김옥균은 청을 벗어나 서둘러 개화하길 바랐어요.

김옥균이 일본의 도움으로 갑신정변을 일으켰어요.
청의 군대가 개입해 갑신정변을 억눌렀어요.

그러는 동안 조선 꽃밭은 어질러졌지만
지방 관리와 양반들의 횡포는 더 심해졌어요.

참을 수 없던 백성들이 동학 농민 운동을 일으켰어요.
동학 농민군은 조선 정부와 협상했어요.
동학 농민군은 개혁안을 약속받고 스스로 흩어졌어요.

일본과 청은 조선을 차지하려고 청일 전쟁을 벌였어요.
전쟁에서 유리해진 일본은 조선을 심하게 간섭했어요.

동학 농민군은 일본을 몰아내려고 다시 일어났어요.
일본과 조선 군대는 동학 농민군에게 총을 겨눴고
동학 농민군은 양쪽 군대에 대나무 창으로 맞섰어요.

끝내, 동학 농민군은 우금치 전투에서 패했어요.
녹두 장군 전봉준은 붙잡혀 처형당했어요.

이후 일본은 조선 꽃밭을 마구 헤집었어요.
파헤쳐진 조선 꽃밭에 밤이슬이 내렸어요.

　　조선이 생긴 지 350년쯤 지나자 정치 집단끼리 대립이 잦았어요. 이에 영조는 '탕평책'을 펼쳐 왕권을 강화하고 정치를 안정시키려고 했어요. 탕평책은 여러 정치 집단의 인재를 고르게 등용한 정책이었어요. 영조는 세금을 줄였고, 학문과 제도를 정비한 왕이었어요. 정조도 영조의 왕권을 이어받은 만큼 탕평책을 펼쳤어요. 그리고 왕실의 도서관인 규장각을 설치하여 연구 활동을 장려했어요. 그것은 이미 조선에 등장한 실학을 지원하는 정책이었어요. 실학자들은 청(淸)에서 새로운 문물을 받아들였고, 현실 문제에 관심을 두었기에, 백성의 생활을 안정시키는 방법을 연구했어요. 실학자들은 토지 제도를 바꾸고, 선진적인 농사법을 도입했으며, 상업과 공업을 발달시키고자 노력했어요. 정약용은 대표적인 실학자였어요. 정약용은 정조의 명령으로 수원 화성을 건설할 때 '거중기'를 만들었어요. 거중기는 도르래의 원리를 이용해 무거운 물건을 들어 올릴 수 있는 기계였어요. 정약용은 유배 중에도 정치·기술·농업·경제 등의 연구에 몰두했어요.

조선 후기에는 농업과 상공업이 발달하면서 여유가 생긴 사람들이 늘어났어요. 그러자 서민까지도 문화 예술에 관심을 기울였어요. 그것은 '한글 소설, 풍속화, 판소리, 탈놀이'였어요. 한글 소설로는 『춘향전』, 『심청전』, 『흥부전』, 『홍길동전』, 『장화홍련전』 등이 인기 있었어요. 풍속화는 당시의 생활 모습을 생생하게 표현한 신윤복과 김홍도의 그림이 유명했어요. 판소리는 긴 이야기를 북장단에 맞춰 노래 부르는 공연이었어요. 탈놀이는 탈을 쓰고 백성의 마음을 표현한 연극이나 춤이었어요.

한편, 조선 후기의 정치와 외교는 그늘졌어요. 정조 이후 왕들은 어린 나이에 왕위에 올랐어요. 그러자 왕의 외가 친척들이 나라의 권력을 잡는 세도 정치가 나타났어요. 그들은 높은 벼슬아치가 되어 뇌물도 받고, 세금도 제멋대로 거둬 백성들을 힘들게 했어요. 그러던 중 고종이 어린 나이에 왕이 되자, 고종의 아버지인 흥선 대원군이 권력을 쥐었어요. 흥선 대원군은 나라의 일인자가 되었지만, 조선 땅에 함부로 들어온 서양 나라들의 군대를 맞닥뜨렸어요.

그 첫 번째는 프랑스였어요. 1866년에 군함을 몰고 온 프랑스 군대는 조선에 '통상'을 요구하며 강화도를 침략했어요(통상은 나라끼리 물건을 사고파는 일이에요). 조선군은 그들을 물리쳤지만, 프랑스군은 조선의 귀중한 책과 곡식을 약탈해 갔어요. 그 사건을 병인양요라고 해요. 두 번째로 조선을 침략한 나라는 미국이었어요. 프랑스가 침략한 지 5년 만에 미국 군대도 조선에 통상을 요구하며 강화도를 침략했어요. 조선군은 강력하게 방어했어요. 전투가 시작된 지 20여 일 만에 미국군은 물러갔지만, 조선군은 많은 희생을 치렀어요. 그 사건을 **신미양요**라고 해요. 그 후 흥선 대원군은 나라의 문을 걸어 잠갔어요. 외국과 무역을 하지 않는다는 의지를 밝힌 **통상 수교 거부 정책**을 강화했어요. 이후 고종이 성인이 되자 흥선 대원군은 자리에서 물러났어요. 세 번째로 조선을 침략한 나라는 **일본**이었어요. 미국이 침략한 지 4년 만에 일본군도 군함을 타고 강화도 근처까지 침범했어요. 조선군이 대포를 쏘자 일본군은 강화도의 초지진을 공격하고는 영종도에 상륙했어요. 일본은 이 사건을 구실로 조선에 통상을 요구했어요. 당시는 조선 안에서 **개항**(외국 배의 출입을 허가하는 것)을 바라는 세력의 목소리가 커질 때였어요. 일본의 압박이 강해지자, 조선은 강화도에서 일본과 '조약'을 맺고 개항했어요(**조약**은 나라끼리의 약속이에요). 이 사건을 **강화도 조약**이라고 하는데, 조선에 불리한 조약이었어요. '강화도 조약' 이후 조선은 서

양 나라들과도 조약을 맺었어요.

조선은 나라 안에서도 '개화' 요구에 휩싸였어요(개화는 다른 나라의 문물을 받아들이는 일이에요). 그중 김홍집의 세력은 청(淸)과의 관계를 유지하면서 천천히 개화하자고 했어요. 반면에 김옥균의 세력은 청(淸)의 간섭에서 벗어나 서둘러 개화하자면서 일본에 지원을 요청했어요. 그러고는 김옥균의 세력이 갑신정변을 일으켰어요(정변은 법을 지키지 않은 채 일으킨 큰 정치 변동이에요). 하지만, 갑신정변은 3일 만에 끝났어요. 청(淸)의 군대가 개입했기 때문이에요. 한편, 갑신정변 이후에도 지방 관리의 횡포는 여전했어요. 참다못한 백성들이 전봉준이 이끄는 동학 농민군이 되어 군사를 일으켰어요. 그러자 무능한 조선 정부는 청(淸)에 지원을 요청했고, 청(淸)이 조선에 군대를 보내자, 일본도 조선에 군대를 보냈어요. 동학 농민군은 외국의 개입을 막으려고 조선 정부와 협상하여 개혁할 것을 약속받고 해산했어요. 하지만, 일본과 청(淸)은 조선을 차지하려고 전쟁을 벌였어요. 그 사건을 청일 전쟁이라고 해요. 청일 전쟁에서 일본이 유리해지자 일본은 조선을 더 심하게 간섭했어요. 동학 농민군은 애국심으로 다시 뭉쳤어요. 하지만, 일본군과 조선군의 총에 대항하여 대나무 창으로 맞선 동학 농민군은 패배할 수밖에 없었어요. 살아남은 동학 농민군은 흩어졌고, 녹두 장군 전봉준은 조선군에게 붙잡혀 처형당했어요. 조선에 밤이 찾아왔어요.

- 아래의 두 물음을 읽고
  스스로의 생각을 자유롭게 써 보아요.

1. 조선군은 일본군과 합세하여 '동학 농민군'을 무찔렀어요. 왜 조선군은 조선의 백성인 '동학 농민군'을 공격했을까요? 자유롭게 생각하여 쓰세요.

2. '실학'은 1600년대 중반에 조선에 등장했어요. 조선의 개화는 1800년대 후반에 시작되었어요. 조선의 개화가 200년 앞서 이루어졌다면, 조선은 어떤 나라가 되었을까요? 자유롭게 생각하여 쓰세요.

각국 가호 인구

○ 대한 전국에 가호와 인구들 뇌부에서 죠사 혼것이 좌와 곳다더라

한셩부 오셔
가호 四万四千三百二十九호
남녀 十万八千一百七十四구

경긔 三十八읍
가호 十六万五千八百四十五호
남녀 합 六十五万七千四百쳔七百四十九인

충쳥 북도 十七읍
가호 七万三千五百七十七호
남녀 합 二十七만二千四百七十구

충쳥 남도 三十七읍
가호 十一万六千九百九十六호
남녀 합 四十三万九千六百四十六인

전라 북도 二十六읍
가호 九万八千一百六十四호
남녀 합 二十四만一千六百六十구

전라 남도 三十三읍
가호 十二만一千一百八十七호
남녀 합 三十九만五千八百一구 八인

경샹 북도 四十一읍
가호 十五만二千九百八十八호
남녀 합 五十만七千三百五十 三인

경샹 남도 三十읍
가호 十二万六千八百四十五호
남녀 합 四十六만一千八百九十五구

강원도 二十六읍
가호 七万七千三百八十八호
남녀 합 二十四만六千九百六十 六인

명담

○ 영국 속담

손에 내 주식을 안 엇거던 모음에 내 부모를 성각 호라

ㅇ 뎡말국 속담
부모의 우혜는 눈물에 도 싸지 아니코 불에 타지 도 안나니라

ㅇ 로셔아 속담
악호 부모도 악호 조식은 보오지 안 논다

ㅇ 동전 훈 푼

11 '일제 강점기'의 우리 역사를 알아보기

조선의 왕 '고종'은 왜 나라의 이름을
'대한 제국'으로 바꾸었을까요?
당시의 '항일 투쟁'은 어떻게 전개되었을까요?
'대한민국 임시 정부'는 어떻게 수립되었을까요?
'일제 강점기'의 우리 역사를
알아보아요.

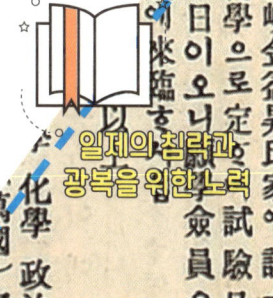

일제의 침략과
광복을 위한 노력

소나무와 칡넝쿨

오백 년을 자란 조선 소나무를
일제라는 칡넝쿨이 휘감았어요.

칡넝쿨은 소나무의 큰 가지인
명성 황후를 함부로 분질렀어요.

조선 소나무는 자주국이 되려고
대한 제국으로 이름을 바꾸었어요.

칡넝쿨은 이토 히로부미라는 줄기로
을사늑약을 체결해 소나무를 칭칭 감았어요.

소나무 밑줄기는 칡넝쿨에 감겼지만
소나무 가지들이 의병이 되어 맞섰어요.

의병과 독립운동가들은 한반도 곳곳과

동시로 생각하고

나라 밖에서 기운차게 일어났어요.

독립운동가 안중근은 하얼빈역에서
조선 통감 이토 히로부미를 저격했어요.

이회영과 안창호는 만주와 미국에 학교를 세워
독립군을 키우고, 한국인의 실력을 양성했어요.

1919년 3월 1일에 삼일 운동이 일어났어요.
민족 대표들이 모여서 대한 독립을 선언했고
전국에서 소나무 가지들이 독립 만세를 외쳤어요.

소나무의 독립운동에 짜임새가 생겼어요.
대한민국 임시 정부가 1919년 9월에
중국 상하이에서 통합되었어요.

대한민국 임시 정부는 국민이 주인인
민주주의 국가의 체제를 갖추었으며
오늘날 대한민국의 뿌리가 되었어요.

대한민국 임시 정부의 백범 김구는
한인 애국단을 조직하여 활약했어요.

윤봉길은 일본 왕의 생일에 폭탄을 던져
우리의 독립 의지를 전 세계에 알렸어요.

홍범도와 김좌진은 봉오동과 청산리에서
독립군을 이끌어 일본군을 무찔렀어요.

하지만 칡넝쿨은 더욱 소나무를 옥죄었어요.
줄기뿐만 아니라, 가지 전체를 뒤덮었어요.

일제는 우리 땅과 우리말과 이름을 빼앗고
중일 전쟁에 많은 우리 국민을 끌고 갔어요.

우리 국민이 노동자로 끌려가 모진 고생을 했어요.
우리 여성들이 위안부로 끌려가 몹쓸 짓을 당했어요.
우리 남성들이 군인으로 끌려가 죽었어요.

칡넝쿨에 휩싸인 대한민국 소나무에
까마득한 그믐밤이 내려앉았어요.

　500년을 이어 온 조선의 날이 저물었어요. 조선의 마지막 왕은 고종이었어요. 왕비인 명성 황후는 정치에 관심이 많았으며 외교에도 활동적이었어요. 고종은 나랏일을 명성 황후와 의논했어요. 명성 황후는 청일 전쟁에서 승리한 일제(일본 제국)를 견제하려고 러시아 세력을 조선에 끌어들였어요. 이에 일제는 경복궁에 침입해 조선의 왕비를 '시해'하는 만행을 저질렀어요(시해는 '부모나 임금을 죽임'을 뜻해요). 이 사건을 을미사변이라고 해요. 이후 고종은 러시아 공사관으로 피신해 그곳에서 1년간 머물렀어요. 이 사건을 아관 파천이라고 해요. 이 일로 조선에서 러시아의 영향력이 커졌어요. 그사이, 조선 정부는 조선이 자주국임을 나라 안팎에 알렸어요. 그래서 서재필을 지원하여 『독립신문』의 창간을 돕고, 독립문도 세웠어요. 또, 만인 공동회를 열어 백성들이 사회 문제에 대해 발언할 수 있게 했어요. 러시아 공사관에서 경운궁(덕수궁)으로 돌아온 고종은 황제로 즉위했어요. 그때 고종은 '대한 제국'을 선포했어요. 나라의 이름을 대한 제국으로 바꾼 것이었어요.

대한 제국은 서양 나라들과 외교를 하며 적극적으로 서양 문화를 받아들여 사회 개혁을 추진했어요. 하지만, 서양의 근대 문화가 갑자기 들어오자 백성들은 혼란스러워했어요. 대표적인 것이 '단발령'이었어요. 단발령은 1895년에 고종 황제가 내린 명령으로, 상투 풍속을 없애고 머리를 짧게 깎도록 한 것이었어요. 우리 민족은 전통적으로 부모에게 물려받은 머리칼을 소중히 여겼기에 백성들은 반발했어요. 지방 선비들과 농민들이 의병을 일으킬 만큼 반발은 컸어요. 고종은 단발령은 취소했고 의병은 자진 해산했어요. 그 사이, 러일 전쟁(러시아와 일제

의 전쟁)이 일어났어요. '청일 전쟁'처럼 일제가 승리했어요. 그러자 일제의 사신으로 방문한 이토 히로부미는 고종이 단호히 거부했음에도 궁궐을 포위하고는 강제로 조약을 맺었어요. 이 사건을 을사늑약이라고 해요. 이후 일제는 고종마저 물러나게 하고는 대한 제국의 군대도 해산시켰어요.

그러자, 전국에서 의병이 다시 일어났어요. 의병들은 무장 투쟁을 전개했어요. 의병장 중에는 신돌석 같은 평민도 있었어요. 농민들도 의병 활동을 했기 때문이었어요. 일제는 모질게 의병을 탄압했어요. 수많은 의병이 죽었고, 살아남은 의병들은 만주와 연해주로 이주해 항일 투쟁을 이어 갔어요. 그러면서 독립운동은 나라 안팎에서 단단해졌어요. 1909년에 안중근은 을사늑약을 주도했던 이토 히로부미를 중국 하얼빈역에서 저격했어요. 이회영은 만주에 '신흥 무관 학교'를 세워 항일 독립군을 양성했어요. 1919년 3월 1일에는 전국에서 3·1 운동이 일어났어요. 그날 서울에서 33인의 민족 대표들이 모여서 독립 선언식을 거행했어요. 그때, 시민들은 탑골 공원에 모여 독립 선언서를 낭독하고는 태극기를 흔들며 시위를 벌였어요. 만세 시위는 전국에서 연이어 벌어졌어요. 이 조직적인 시위에 당황한 일제는 시위대를 잔인하게 진압했어요.

3·1 운동 전후에 나라 안팎에서는 '임시 정부'가 세워졌어요. '대한 제국'이 멸망했기에 우리 민족의 독립 정부를 세운 것이었어요. 마침내 1919년 9월에 중국 상하이에서 독립운동가들이 김구를 중심으로 모여 통합한 대한민국 임시 정부를 수립했어요. 대한민국 임시 정부는 한국광복군을 조직하여 일제에 맞섰어요. 또한, 3·1 운동 정신을 바탕으로 나라의 주인이 국민이라는 민주주의 가치를 임시 정부의 근본으로 삼았어요. 그 정신은 오늘날 대한민국의 뿌리가 되었어요. 나라는 빼앗겼지만, 그 뿌리는 살아 있었어요.

- 아래의 두 물음을 읽고
  스스로의 생각을 자유롭게 써 보아요.

1. 만약 '러일 전쟁'에서 러시아가 승리했다면,
   이후 우리 민족의 역사는 어떻게 흘러갔을까요?
   자유롭게 생각하여 쓰세요.

2. 조선의 마지막 왕비인 '명성 황후'는 어떤
   인물이었을까요? 조사하고 생각하여 평가하세요.

12 남북으로 분단된 우리 현대사를 알아보기

우리 민족은 어떻게 '광복'을 맞이하게 되었을까요?
우리 민족은 어떻게 남한과 북한에
두 정부를 세우게 되었을까요?
6·25 전쟁은 어떤 전쟁이었을까요?
분단된 우리 민족의 현대사를
알아보아요.

대한민국 정부의
수립과 6·25 전쟁

분단된 한반도 숲

광복을 맞은 한반도 숲에 여명이 밝았어요.
우리 민족의 독립운동은 끈질겼고
제2차 세계 대전에서 일제가 패망했어요.

날이 밝아 일제는 떠났지만
한반도 숲에는 미국과 소련이 주둔했어요.
몇 년간 신탁 통치를 한다는 이유였어요.

한반도 나무들의 생각이 두 길로 갈라졌어요.
한쪽 나무들은 신탁 통치에 반대했어요.
다른 쪽 나무들은 신탁 통치에 찬성했어요.

그사이 한반도 숲의 38선을 사이에 두고
남쪽은 미국의 손이, 북쪽은 소련의 손이
한반도 숲을 마음대로 주물러 댔어요.

한반도 숲은 한 정부를 세우지 못했어요.
남쪽 숲에는 대한민국 정부가 수립됐어요.
북쪽 숲에는 조선 민주주의 인민 공화국이 섰어요.

북한 숲이 남한 숲을 힘으로 통일하려고 했어요.
국제 연합군과 국군이 북한 숲을 밀어붙였어요.
중국군과 북한군이 남한 숲을 밀어붙였어요.

양쪽 힘이 38선을 사이에 두고 팽팽했어요.
양쪽 손이 한반도 가운데에 휴전선을 그었어요.
6·25 전쟁의 시계가 그대로 멈추었어요.

한반도 숲이 남북으로 분단됐어요.
한반도 숲의 천만 그루가 이산가족이 됐어요.
허리 잘린 한반도 숲이 아파하고 있어요.

고려 때부터 우리 민족은 한 숲을 이루었어요.
오늘날의 우리 민족은 그렇지 않아요.

이제 우리 민족의 '현대사'를 살펴보아요. 현대사(現代史)의 한자는 나타날 현(現), 시대 대(代), 역사 사(史)예요. 그대로 뜻풀이하면 '(눈앞에) 나타난 시대의 역사'예요. 그래서 현대사는 우리의 조부모나 증조부모께서 살아생전에 겪은 가까운 역사예요. 현대사는 '일반적으로 제2차 세계 대전 이후의 역사'를 일컫는 말이에요. 제2차 세계 대전(1939~1945년)에서 일본은 미국에 패망했어요. 1945년 8월 15일이에요. 그날, 우리 민족도 광복을 맞았어요. 곧바로 한반도에 주둔해 있던 일본군은 자신의 나라로 철수했어요. 반면에, 중국·일본·미국 등의 외국에 있던 우리 동포들이 고국으로 돌아왔어요.

그리고 미국과 소련(러시아와 그 주변 국가들의 연방 공화국)의 군대도 한반도에 들어와 38도선을 경계로 남쪽과 북쪽에 각각 주둔했어요. 그들의 명분은 한반도에서 일본군을 정리하고, 한반도에 정부가 수립될 때까지 돕는다는 것이었어요. 그러고는 미국·영국·소련의 외무 장관들이 소련의 모스크바에 모여서 최대 5년간 한반도를 '신탁 통치'를 하겠다고 결정했어요(모스크바 3국 외상 회의). 신탁 통치란 '특정 국가가 다른 국가의 지역을 대신 통치하는 제도'예요. 신탁(信託)의 한자가 믿을 신(信), 부탁 탁(託)이므로 '믿고 맡긴다'라는 뜻이에요. 하지만, '모스크바 3국 외상 회의'의 결정에 대해 당시 우리나라 사람들 사이에 찬반이 엇갈려 갈등이 생겼어요. 그 와중에 미국과 소련이 '대한민국의 임시 정부' 구성 방법을 논의했으나 의견을 모으지 못했어요. 그러자 미국은 한국 문제를 국제 연합(UN)에 넘겼어요. 국제 연합(UN)은 남북한 총선거로 통일 정부를 수립하기로 했어요. 하지만 그 방안은 소련의 반대로 이루지 못했어요.

그러자, 국제 연합(UN)은 남한에서만 선거하기로 재결정했어요. 이에, 남한에서는 1948년 5월 10일에 첫 국회의원 선거를 했어요. 이 선거로 제헌 국회(헌법을 제정한 국회)가 탄생했어요. 제헌 국회 의원들은 이승만을 초대 대통령으로 선출했어요. 며칠 후, 광복 3주년인 1948년 8월 15일에 대한민국 정부가 수립됐어요. 한편, 북한에서도 1948년 9월에 조선 민주주의 인민 공화국이 수립됐어요. 이로써, 남한과 북한에 두 정부가 세워졌어요.

그 후 채 2년이 되지 않은 1950년 6월 25일에 북한군이 남한을 총공격했어요. 6·25 전쟁이 일어난 것이에요. 대비하지 못한 국군은 북한군의 공격에 속수무책으로 밀려 3개월도 안 돼 낙동강 이남까지 후퇴했어요. 그러자 국제 연합(UN)은 미국을 중심으로 16개국이 참여한 국제 연합군을 남한에 파견했어요. 1950년 9월 15일에 인천 상륙 작전을 성공시킨 국제 연합군과 국군은 남한은 물론, 북한 지역의 대부분을 장악하고는 압록강까지 진격했어요. 하지만 이번에는 대규모의 중국군이 압록강을 넘어와 전쟁에 개입하면서 국제 연합군과 국군은 다시 후퇴했어요. 이후 한반도의 중간 지역인 38도선을 중심으로 양쪽 군사들의 길고도 치열한 전투가 이어졌고, 6·25 전쟁이 일어난 지 3년 만인 1953년 7월에 휴전이 결정되었어요. 휴전(休戰)의 한자는 쉴 휴(休), 싸울 전(戰)이에요. 그 후 우리 민족은 여전히 휴전선을 사이에 두고 남한과 북한이 대치하고 있어요.

우리 민족이 세운 고려는 936년에 신라와 후백제를 통일하여 단일 국가가 되었어요. 이후에 건국된 조선도 500년 이상 단일 국가였어요. 하지만, 일제 강점기를 벗어나 광복을 맞았던 우리 민족은 오늘날까지 분단된 상태예요. 참으로 슬픈 일이에요. 우리 민족이 다시 '단일 국가'가 되려면 얼마나 더 기다려야 할까요.

- 아래의 두 물음을 읽고
  스스로의 생각을 자유롭게 써 보아요.

1. 광복 직후 미국과 소련이 한반도에 주둔하지 않았다면, 우리 민족은 자율적으로 어떤 국가를 이루었을까요? 자유롭게 생각하여 쓰세요.

2. 남한과 북한이 '통일 국가'를 이루려면 정치·사회적으로 어떤 방법과 과정이 필요할까요? 자유롭게 생각하여 쓰세요.

찾아보기

38도선　160, 162
3·1 운동　151~152
6·25 전쟁　155, 157, 161~162

ㄱ

가야　96~97, 99
간척　39
갑신정변　132, 139
강감찬　103, 109
강수량　34~35, 41
강화도 조약　132, 138
개항　132, 138
거란　103, 108~109
거중기　136
견훤　107
계절　34, 40~41
고구려　92~93, 96~99, 102, 107
고려　101~105, 108~113, 116, 121, 157, 162
고려청자　104, 110
고조선　91~92, 95~96, 99, 121

고종　131, 137~138, 143, 149~151
공업　33, 39, 51~52, 135
광개토왕　96
광복　143, 155~156, 159, 161~163
교육의 의무　82, 88
국민의 권리　85~86
국민의 의무　79, 87~88
국방의 의무　82, 88
국제 연합(UN)　160~161
국제 연합군　157, 161~162
국토　19~21, 23~24, 26~27, 31, 37~40, 45
궁예　107~108
권문세족　116, 121
권율　125
귀주 대첩　103, 109
규범　74~75
규장각　130, 135
근로의 의무　82, 88
근초고왕　96
금속 활자　105, 111~112
기본권　79~81, 87~89
기온　34~35, 40~43
기후　31, 34~35, 39~43
김구　146, 152

김옥균 132, 139
김춘추 97
김홍도 131, 136
김홍집 132, 139

ㄴ

남해안 39
납세의 의무 82, 88
노년층 54
『농사직설』 122

ㄷ

단발령 150
단일 국가 162
당(唐) 97, 99
대조영 97
대한 제국 143~144, 150~152
대한민국 임시 정부 143, 145~146, 152
대한민국 정부 153, 155, 161
도덕 69~70, 74~75
도시 인구 47~48, 53
도요토미 히데요시 125
독립문 150
『독립신문』 150

동학 농민군 133, 139~141
동해안 33, 39~40, 43
등온선 35, 41

ㄹ

러일 전쟁 150, 153

ㅁ

만인 공동회 150
말갈족 97
명(明) 121, 125
명량 대첩 124
명성 황후 144, 149, 153
모스크바 3국 외상 회의 160
몽골 103~104, 109~113
문무왕 97
문화유산 95, 98, 101, 104, 110, 113

ㅂ

박혁거세 96
반도 20, 23
발달의 권리 60
발해 93, 97~99, 108
백제 93, 96~99, 102, 107

병인양요 131, 137
병자호란 115, 118, 125, 127
보호의 권리 59
불교문화 98

ㅅ
사회 구성원 61, 65~66, 73~76, 89
사회 질서 71, 75~76
사회권 81, 86~87
사회적 약자 57, 65
산업 45~49, 51~53
산지 32, 37~38
삼국 시대 93, 96, 98, 107
생존의 권리 58
서재필 150
서해안 33, 39~40, 43
서희 103, 109
선조 124
섬 21, 23, 25, 32, 34, 37~39
세도 정치 131, 137
세종 115, 117, 122~124
송(宋) 108
수원 화성 130, 136
신돌석 151
신라 91~93, 96~99, 102, 107~
108, 162
신미양요 131, 138
신윤복 131, 136
신진 사대부 116, 121
신탁 통치 156, 160
신흥 무인 세력 116, 121
실학 129~130, 135, 141

ㅇ
아관 파천 149
안중근 145, 151
앙부일구 123
영공 19, 21, 24~25, 29
영조 129~130, 135
영토 19, 21, 24~25, 29, 95~97, 108, 110
영해 19, 21, 24~25, 29
왕건 108
왜구 118, 121, 124~125
유교 117, 122, 127
유소년층 54
유엔 아동 권리 협약 58, 67
을미사변 149
을사늑약 144, 151
의병 125, 144, 150~151

이기심 69~71, 73, 76
이성계 116, 121~122
이순신 118, 124
이승만 161
이타심 69~71, 73~74, 76~77
이토 히로부미 144~145, 151
이회영 145, 151
인구 구성 54
인구 피라미드 54~55
인권 57~58, 64~67, 73, 79, 86
인문 환경 45, 51~53
인조 118, 126~127
인천 상륙 작전 161
일본 20, 24, 29, 124, 132~133, 138~140, 146, 159
일제 강점기 143, 162
임진왜란 115, 118, 124~125

ㅈ

자격루 123
자연재해 31, 42
자연환경 26, 31, 37, 39~40, 42, 51~52
자유권 81, 86
장영실 117, 123

전봉준 133, 139~140
정약용 130, 136
정조 129~131, 135~137
제헌 국회 161
조선 민주주의 인민 공화국 157, 161
주권 21, 24~24, 83
지형 23, 31~32, 34, 37, 39~40
『직지심체요절』 104, 112~113
집현전 117, 122~123

ㅊ

참여의 권리 60
참정권 81, 86
청 태종 126
청(淸) 118, 125~126, 135, 139~140
청구권 81, 86~87
청동기 문화 92, 95
청일 전쟁 133, 140, 149, 151
초조대장경 111
측우기 123
『칠정산』 123
칭기즈 칸 109

ㅌ

탈놀이　130~131, 136
탕평책　130, 135
통상 수교 거부 정책　138

ㅍ

판소리　130~131, 136
팔만대장경　104, 111
평등권　81, 86
평야　32~33, 37~38
풍속화　130~131, 136

ㅎ

하천　21, 32~33, 37~38
한(漢)　96, 99
한국광복군　152
한글 소설　130, 136
한산도 대첩　125
한양　116~117, 122, 124~125
해안　32~33, 37~39
행정 구역　19, 26~28
행주 대첩　125
헌법　79~89, 161
현대사　155, 159
호족　107~108

혼천의　123
홍건적　121
환경 보전의 의무　82, 88
후고구려　102, 107~108
후백제　102~103, 107~108, 162
후삼국 시대　101, 108
훈민정음　117, 124
휴전　162
흥선 대원군　131~132, 137~138

로로로 초등 사회 5학년
동시로 생각하고, 수필로 이해하고, 문제로 논술하는

초판 발행일 2021년 1월 4일
2쇄 발행일 2022년 11월 11일

지은이 윤병무
그린이 이철형
디자인 씨디자인: 조혁준 기경란

펴낸곳 국수
등록번호 제2018-000158호
주소 경기도 고양시 일산동구 진밭로 36-124
전화 (031) 908-9293
팩스 (031) 8056-9294
전자우편 songwriter@kuksu.kr

ⓒ 윤병무, 2021, Printed in Goyangsi, Korea

ISBN 979-11-90499-24-8 74300
ISBN 979-11-90499-12-5 (세트)

- 책값은 뒤표지에 쓰여 있습니다.
- 이 책의 저작권은 저자에게, 판권은 '국수'에 있습니다.
- 이 책 내용의 전부는 물론 일부라도 재사용하려면 반드시 '국수'의 동의를 얻어야 합니다.
- 잘못 만들어진 책은 구입하신 서점에서 교환해드립니다.

이 도서의 국립중앙도서관 출판예정도서목록(CIP)은 서지정보유통지원시스템 홈페이지(http://seoji.nl.go.kr)와 국가자료공동목록시스템(http://www.nl.go.kr/kolisnet)에서 이용하실 수 있습니다. (CIP제어번호: CIP2020052869)

종이에 손을 베지 않도록 주의하세요.
책 모서리에 다칠 수 있으니 책을 던지지 마세요.